Irmgard Honnef-Becker/Peter Kühn

Deutsch-Tests für die Klassen 9 und 10

in 3 Differenzierungsstufen

Materialien für Übungs- und Prüfungsvorbereitungen

Erarbeitet von Irmgard Honnef-Becker, Marguerite Kill,
Peter Kühn, Aly Trausch

mit einer Einleitung von Peter Kühn

Auer Verlag GmbH

Gedruckt auf umweltbewusst gefertigtem, chlorfrei gebleichtem und alterungsbeständigem Papier.

1. Auflage 2008
Nach den seit 2006 amtlich gültigen Regelungen der Rechtschreibung

Umschlaggestaltung: Glas AG, Seeheim-Jugenheim
Satz: fidus Publikations-Service GmbH, Augsburg
Druck und Bindung: Kessler Druck + Medien, Bobingen
ISBN 978-3-403-0**4804**-6

www.auer-verlag.de

Inhalt

1. Textverstehen in den Bildungsstandards: Grundfragen und didaktisch-methodische Konsequenzen

1.1 PISA und die Folgen für den Deutschunterricht

Wohl kaum ein Ereignis hat die curriculare Entwicklung und didaktisch-methodische Debatte um den Deutschunterricht so einschneidend beeinflusst wie die PISA-Studie 2000. Neben den bildungspolitischen Debatten in den verschiedenen Ländern sind für die Wissenschaft und für die Lehrer vor Ort vor allem die didaktisch-methodischen Konsequenzen von besonderem Interesse, die sich aus den bisherigen Ergebnissen für die getesteten Kompetenzbereiche ergeben. Für den Bereich der Lesekompetenz im Deutschunterricht hat die wissenschaftliche Diskussion um die Konsequenzen gerade erst begonnen (vgl. z. B. Fingerhut 2002, Hurrelmann 2002, Kühn 2002, Ludwig 2002, Rosebrock 2002), es zeichnen sich allerdings bereits erste weitreichende didaktisch-methodische Folgen für den Deutschunterricht ab:

(1) Die Fokussierung der PISA-Studie auf das Leseverstehen sowie die Einordnung der Lesekompetenz als kulturelle Schlüsselqualifikation werfen zum einen die Frage auf, welcher Stellenwert dem Erwerb dieser Kompetenz im Unterricht bislang zugemessen wurde bzw. werden soll. Zum anderen muss darüber reflektiert werden, was eigentlich unter dem Begriff der Lesekompetenz zu verstehen ist und wie man Leseverstehensstrategien im Unterricht vermitteln kann. Durch die Diskussion um das Konzept der Lesekompetenz in der PISA-Studie sind sowohl Lehrerinnen und Lehrer als auch die wissenschaftliche Didaktik sensibler für alternative Lesekonzepte geworden: weg von dem datengeleiteten Wort-für-Wort-Verstehen und hin zu kognitionspsychologisch und konstruktivistisch ausgerichteten Leseverstehenskonzepten. Evaluiert man solche Fragestellungen in Bezug auf den Deutschunterricht, so zeigt sich sofort ihre hohe Brisanz: Otto Ludwig (2002, 83) stellt beispielsweise für den Unterricht in Deutschland kritisch fest, (a) dass im Bereich der Grundschule die Lesekompetenz vor allem mit der technischen Lesefertigkeit gleichgesetzt wird und (b) dass es nach der Grundschule für die weiterführenden Schulen kein klar definiertes und systematisches Lesecurriculum gibt. Zudem bemängelt er an den weiterführenden Schulen in diesem Zusammenhang die Reduktion an Deutschstunden sowie den überhohen Anteil des Literaturunterrichts gegenüber dem Sprachunterricht.

(2) Die Herausstellung der Lesekompetenz erfordert für den Deutschunterricht den konsequenten Bezug auf Texte: jegliche Spracharbeit im Deutschunterricht ist Arbeit mit und an Texten. In der Linguistik gilt die text(sorten)orientierte Betrachtung der Sprache mittlerweile als wissenschaftliches Gemeingut. Texte werden nicht mehr ausschließlich nur als miteinander verkettete kohärente Folge von Sätzen aufgefasst, sondern als Produkte sprachlichen Handelns mit erkennbaren kommunikativen Funktionen. Auch hier ergeben sich drastische Konsequenzen für den Deutschunterricht: Gegenstand des Sprachunterrichts auf allen Schulstufen sollten authentische Texte und keine konstruierten Lehrbuchtexte sein. Auch hier setzt die PISA-Studie neue Akzente, wenn sie beispielsweise den Textbegriff anders fasst als die traditionelle Deutschdidaktik. Während traditionellerweise im Deutschunterricht zwischen Sach- bzw. Gebrauchstexten und vornehmlich literarischen Texten unterschieden wird, werden in der Studie beide unter dem Begriff der „kontinuierlichen Texte" zusammengefasst. Ihnen gegenüber stehen die sogenannten „nicht-kontinuierlichen Texte", zu denen Diagramme,

Grafiken, Tabellen, Modelle, Karten, Formulare, Anzeigen usw. gehören (vgl. PISA 2001, 80 ff.). Für die Auswahl der Lesetexte sollten neben schülerorientierten Interessen folglich als Kriterien auch die Authentizität und Textsortenvielfalt herangezogen werden.

(3) Die differenzierte Auswertung eines solch aufwendigen Tests zum Leseverstehen zu Vergleichszwecken erfordert in Bezug auf die Aufgabenstellungen und Antwortmöglichkeiten ein hohes Maß an Standardisierungen. Hier ergibt sich das grundsätzliche Problem, welche Aufgabentypen zur Überprüfung der eher komplexen Lesekompetenz geeignet sind. In der PISA-Studie hat man sich auf zwei „Antwortformate" beschränkt (vgl. PISA 2001, 81): Auf Mehrfachwahlaufgaben (Multiple Choice) und Aufgaben mit frei zu formulierenden Antworten (offene Formate). Während die Bewertung der Richtigkeit der Multiple-Choice-Items als „relativ einfach" angesehen wird, werden den Auswertern der PISA-Studie bei offenen Antwortformaten „Auswertungsrichtlinien" als Kriterien zur Beurteilung der Richtigkeit an die Hand gegeben, sodass ein „hohes Maß an Übereinstimmung" erreicht werden konnte (PISA 2001, 81). Die Achillesferse der PISA-Studie liegt sicherlich in ihrer Methodenkonzeption. Die Antworten auf die Aufgabenformate mögen zwar den Kriterien der Reliabilität und Objektivität genügen, ob sie jedoch valide sind und das Leseverständnis überprüfen, scheint in vielen Fällen fraglich: Schon bei einer kursorischen Lektüre der Aufgabenstellungen in der PISA-Studie gewinnt man schnell den Eindruck, dass die Schwierigkeit des Textverstehens oft nicht durch die Texte selbst, sondern durch die komplizierten und schwer verständlichen Aufgabenstellungen und -formulierungen hervorgerufen werden (vgl. zur Kritik auch Spinner 2002). Karl-Heinz Fingerhut (2002) sieht gerade in den Aufgabenstellungen und in der monologischen Kommunikationsform bei der Evaluation des Leseverständnisses die Hauptprobleme: „Während die Aufgabenstellungen der Deutschbücher zum Leseverstehen vorwiegend in Form von Gesprächen bearbeitet werden, die zwischen Lehrenden und Lernenden über die Texte geführt werden, handelt es sich bei den Aufgabenstellungen der PISA-Studie um Instruktionen an den einzelnen Lerner, denen er, will er erfolgreich sein, möglichst exakt nachzukommen hat" (Fingerhut 2002, 40). Kaspar Spinner (2002) hat einen illustren Unterrichtsvorschlag gemacht, in dem die „Getesteten zu Testern des Tests" werden, denn im Rahmen der PISA-Tests muss auch mit dem Fall gerechnet werden, „dass ein Schüler oder eine Schülerin eine Formulierung in der Fragestellung nicht versteht und aus diesem Grund nicht zutreffend antworten kann, obschon er oder sie den Ausgangstext richtig erfasst hat" (Spinner 2002, 50).

(4) Von literaturdidaktischer Seite wird mittlerweile am „Reading-Literacy-Konzept" der PISA-Tests die vorrangige kognitive Ausrichtung der Informationsentnahme aus Texten kritisiert. Nach Bettina Hurrelmann (2002) oder Cornelia Rosebrock (2002, 2003) greift dieser Lesekompetenzbegriff für die Leseförderung in der Schule zu kurz: Leseförderung „sollte sich orientieren an einem theoretisch und didaktisch breiteren Konzept von Lesen als kultureller Praxis, das auch motivationale, emotionale und interaktive Dimensionen mit einschließt" (Hurrelmann 2002, 6). Lesefördernd im Kontext einer Enkulturation sind danach vor allem (a) die Lesemotivation, (b) die emotionale Dimension des Lesens sowie (c) die Fähigkeit zur Anschlusskommunikation. Ein Lesekompetenzmodell muss um diese literaturdidaktischen Komponenten erweitert werden. Leseverstehensmodelle sind gegenüber den zu lesenden Textsorten nicht neutral: Gerade literarische Texte und Textsorten verlangen eine andere Akzentuierung des kognitivistischen Leseverstehensmodells. „Bei jeglicher Lektüre und insbesondere bei literarischer ist das affektive und motivationale Engagement des lesenden Subjekts nicht bloß

irgendwie zusätzlich beteiligt. Vielmehr ist das lesende Subjekt in das Entstehen dieser mentalen Modelle mit seinen eigenen Interessen, Erfahrungen, Wissensstrukturen und Bedürfnissen verstrickt, indem es gewissermaßen durch ‚Zufütterung' seines Sprachwissens und seines Weltbezugs den Text überhaupt erst innerlich inszeniert" (Rosebrock 2003, 169). Cornelia Rosebrock (2002, 52) weist allerdings auch darauf hin, den Umgang mit literarischen Texten zu überdenken, damit er auch „vor den Anforderungen von ‚reading literacy' bestehen kann." Sie sieht die curricularen Schwächen im Umgang mit Sachtexten vor allem in der schwach ausgeprägten Kompetenz, über Texte zu reflektieren und sie zu bewerten. Gerade zur Ausbildung dieser Lesekompetenz würden sich literarische Texte besonders anbieten. Auch in der PISA-Studie wird die Lesekompetenz in den größeren Kontext der „Lesesozialisation" gestellt (PISA 2001, 81 ff.) und soll nicht zuletzt „die Entwicklung von Lesefreude und Leseinteresse sowie die Etablierung von leseförderlichen Haltungen und Gewohnheiten" fördern (PISA 2001, 77).

1.2 Das *Reading-Literacy-Konzept*: Verstehen ist ein aktiver Konstruktionsprozess

Die PISA-Studie hat die längst überfällige Diskussion um die Lesekompetenz im Deutschunterricht ganz entscheidend beeinflusst. Das *Reading-Literacy-Konzept* (vgl. Artelt / Stanat / Schneider / Schiefele 2001) definiert das Verstehen als aktiven Prozess und stellt die Bedeutung des interpretierenden Lesers heraus. Dieser wird nicht mehr als „Textkodierer" verstanden, der einen Text Wort für Wort liest, sondern als ein „Textkonstrukteur", der die Bedeutung des Textes in einem hypothesengeleiteten Verstehensprozess aufgrund seines Vorwissens selbstständig ermittelt. Dabei ermöglicht ihm die Kenntnis verschiedener Textsorten, Hypothesen über Struktur und Inhalt zu bilden und somit ein kognitives Konzept zu antizipieren, das ihm das Verstehen erleichtert.

Am Beginn des Leseprozesses stehen das orientierende und das globale Lesen: Was ist das für ein Text? Worum geht es in dem Text? Wer schreibt wem mit welcher Absicht? In authentischen Kommunikationssituationen werden Texte nur selten total und detailliert gelesen. Detailliertes Textverstehen wird deshalb auch in den Prüfungen nur beim Lesen bestimmter zentraler Textpassagen erwartet, die bis zur Wortebene hin ganz genau gelesen werden müssen (z. B. Erklärung von Wörtern, Formulierungen, Sätzen). Eine weitere wichtige Lesestrategie stellt das selektive Lesen dar, wenn gezielt bestimmte Informationen aus einem Text herausgelesen werden sollen. Das selektive Lesen erfolgt im Sprachunterricht vor allem über gezielte Fragen. Der Verstehensprozess wird bestimmt durch das Zusammenspiel dieser verschiedenen Lesestrategien.

Lesekompetenz besteht aber nicht nur darin, Texte global einordnen und Informationen herauslesen zu können. Texte müssen darüber hinaus auch beurteilt und interpretiert werden. Dazu gehören Kompetenzen im empathischen Lesen (Standpunkte und Gefühle von Personen nachvollziehen und einschätzen) oder auch das Inbezugsetzen zu eigenen Erfahrungen und Meinungen (bewertendes Lesen). Zu den anspruchsvollen Lesekompetenzen zählt das Mitverstehen von Implizitem (zwischen den Zeilen lesen): Die Schüler müssen auch das verstehen, was in den Texten nicht explizit gesagt wird, z. B. Anspielungen auf kulturelle, gesellschaftliche oder politische Gegebenheiten. Darüber hinaus geht es darum, Mehrdeutigkeiten, Meinungen und (versteckte) Wertungen herauszuarbeiten und Texte in ihren historischen, gesellschaftlichen und kommunikativen Zusammenhang zu stellen (reflektierendes Lesen).

Die Grundlagen des hier skizzierten, wissensgesteuerten Verstehenskonzepts eröffnen gerade für den Sprachenunterricht neue Chancen und Perspektiven. Am konkreten Beispiel lässt sich schnell nachweisen,

(1) dass das Textverstehen nicht vorwiegend und ausschließlich datengeleitet abläuft und damit der Vorgang des Leseverstehens vor allem im Dekodieren sprachlicher Zeichen besteht;

(2) dass der Vorgang des Textverstehens als ein aktiver Interpretationsprozess des Lesers aufzufassen ist, der konzeptgeleitet den Text in einen kommunikativen Zusammenhang stellt. Textverstehen ist aktives Verarbeiten des Gehörten oder Gelesenen und kein passiver Vorgang;

(3) welche Konzepte beim Vorgang des Verstehen-Wollens in unseren Wissensbeständen angezapft und genutzt werden. Dabei werden besonders folgende Wissensbestände aktiviert:
   (3.1) Allgemeines Sach- und Weltwissen: Tatsachenwissen, aber auch Wissen über Wertungen oder Haltungen, Wissen über kulturspezifische und soziale Verhaltensnormen usw.
   (3.2) Sprachwissen über kommunikative Zusammenhänge: Wer ist der Schreiber oder Sprecher des Textes? Wer ist/sind der Adressat/die Adressaten? Welche Absicht(en) soll(en) mit dem Text verfolgt werden? Welche Textsorte liegt vor? Wo und wann ist der Text erschienen? Gibt es Vorgänger- oder Nachfolge-Texte usw.
   (3.3) Wissen über schematische Themen- und Handlungszusammenhänge: Was ist das Thema des Textes? Welche Themenentwicklung ist erwartbar? Wie ist der Text strukturiert?
   (3.4) Sprachwissen auf allen Ebenen: von Phonetik und Graphetik über die Lexik, Grammatik und Syntax bis hin zum Text.

1.3 Lesedidaktische und -methodische Konsequenzen

Welche didaktisch-methodischen Konsequenzen ergeben sich nun aus diesem konstruktivistischen Leseverstehenskonzept? Die grundlegende didaktische Konsequenz besteht in der Aufgabe des traditionellen Wort-für-Wort-Verstehenskonzepts. Dieses Konzept vernachlässigt nicht nur die Notwendigkeit konzeptgeleiteter Verstehensprozesse, sondern suggeriert fälschlicherweise auch, dass der gesamte Text im Detail zu dekodieren sei und alle Textteile den gleichen Informationswert hätten. Die Leser werden gewissermaßen zu gleichgeschalteten Dekodiermaschinen. Alberto Manguel (1998, 10–13) illustriert und beschreibt in seinem Buch „Eine Geschichte des Lesens“ verschiedene Leser von der Antike bis zur Gegenwart. Hier wird deutlich, dass es verschiedene Lesertypen mit unterschiedlichen Leseinteressen und -gewohnheiten gibt: Es gibt beispielsweise den gelangweilten Leser, der sein Buch beiseite gelegt hat, den wissbegierigen Studenten, der vor seiner Prüfung noch schnell etwas in einem Buch nachschlägt, den versunkenen Leser, der durch sein Buch „zum Herrn über Zeit und Raum“ wird, den lesenden Mönch, der in stiller Konzentration liest oder den Fabrikvorleser aus dem 19. Jahrhundert, der den leseunkundigen Arbeitern aus aktuellen Zeitungen oder populären Romanen vorliest, um während der Arbeit zu informieren, aufzuklären oder zu unterhalten. Es fehlt allerdings ein moderner Leser: der surfende Internetuser, der Textinformationen aus dem *world wide web* sucht, sammelt und bewertet (vgl. hierzu Kühn 2001).

Hier wird sofort deutlich, dass der Leser kein Textdekodierer ist, sondern als Person mit spezifischen Lesezielen und Leseinteressen beschrieben werden muss. Es gibt beispielsweise einen Lesertyp, der sich lediglich einen schnellen Überblick über den Text und den Textinhalt verschaffen möchte, einen anderen, der für sich gezielt wichtige Informationen aus dem Text heraussucht oder auch denjenigen, der ausgewählte Textpassagen oder vielleicht sogar den gesamten Text genau durchliest. Aus solchen Differenzierungen folgt zweierlei: Wenn wir als Leser Texte nutzen, um bestimmte Verstehensziele zu erreichen, ist es erstens notwendig, für Leselerner Textaufgaben im Hinblick auf Verstehensziele zu formulieren, die auf tatsächliche oder mögliche Interessen und Informationsbedürfnisse der Lerner bezogen sind. Zweitens müssen im Unterricht unterschiedliche Lesearten Berücksichtigung finden. Im modernen Fremdsprachenunterricht werden verschiedene Lese- bzw. Hörstrategien oder Lese- bzw. Hörstile unterschieden – vom orientierenden und globalen Lesen/Hören über das selektive oder detaillierte bis hin zum reflektierenden und bewertenden Lesen/Hören (vgl. die „Subskalen“ in PISA: „Informationen ermitteln“, „Textbezogenes Interpretieren“, „Reflektieren und Bewerten“ (Artelt/Stanat/Schneider/Schiefele 2001, 88 ff.) oder die „Verstehensaspekte“ in IGLU (vgl. Bos/Lankes/Prenzel 2003, 75 ff.)).

Es ist wichtig, darauf hinzuweisen, dass es sich bei diesen Verstehensstrategien nicht um alternative Strategien handelt, sondern dass sie in Abhängigkeit von Verstehensinteressen und -zielen sowie in Abhängigkeit unterschiedlicher Textsorten eingesetzt werden: Wenn ich nur wissen will, ob morgen schönes Wetter ist, achte ich besonders auf diesen Teil der Wettervorhersage. Dabei ist es durchaus möglich, ein und denselben Text in mehrfachen Lesedurchgängen mit verschiedenen Strategien zu lesen oder aber auch innerhalb eines Textes die Verstehensstrategien zu wechseln. Zudem gibt es zwischen den Lesestrategien auch Abhängigkeiten, denn Globalverstehen ist oft ohne Verstehen wichtiger Details nicht möglich, aber oft ist das Detailverstehen nicht ohne ein gewisses Verstehen des Gesamtzusammenhangs möglich. Auffallend ist allerdings, dass wir in der täglichen Lesepraxis eher selten auf das Detailverstehen im Sinne des totalen Verstehens zurückgreifen. Es gibt nur wenige Textsorten, für die dies erforderlich scheint – vielleicht in bestimmten Fällen für Rezepte. Meist genügt es, den Text global zu verstehen oder aber eine mehr oder weniger große Zahl von Einzelinformationen zu erfassen. Kurioserweise dominiert allerdings vielfach im Sprachunterricht das Detailverstehen, wobei sich die Schüler den Text Wort für Wort erarbeiten müssen.

Eine weitere didaktisch-methodische Konsequenz, die aus dem konstruktivistischen Leseverstehenskonzept abgeleitet werden muss, ist die Phasierung des Unterrichts bzw. der Leseverstehensarbeit: Leseverstehensaufgaben werden nach dem sogenannten Drei-Phasen-Modell unterschieden in Aufgaben, die vor dem Lesen, während des Lesens und nach dem Lesen gemacht werden sollen. Das Leseverstehen beginnt folglich bereits vor dem eigentlichen Lesen selbst. Verstehensaufgaben vor dem eigentlichen Lesen dienen ganz allgemein der Vorbereitung des Textverstehens: der Aktivierung des Vorwissens und dem Aufbau eines Erwartungshorizonts, der thematischen Vorentlastung und Einordnung, der Vorgabe und Formulierung von Verstehenszielen, der Aktivierung von Verstehensstrategien usw. Als Material hierzu können genutzt werden: Bilder, Illustrationen, Grafiken, Überschriften und Lead-Texte, Gliederungen, Assoziogramme, Wortgeländer, akustische Impulse (Geräusche, Musik, Stimmen) usw. Die Aufgaben während des Lesens lassen sich gut durch das Verfahren des Mit-dem-Bleistift-Lesens veranschaulichen: Abschnitte markieren, Strukturverlauf und Themenentwicklungen skizzieren, Schlüsselwörter unterstreichen, wichtige, fragwürdige oder unverständliche Textstellen kennzeichnen, Zusammenfassungen von Textabschnitten am Rand notieren, Autorpositionen kennzeichnen und benennen, Textinformationen kommentieren usw. Die Aufgaben nach dem Lesen beziehen sich auf die sprachliche und inhaltliche Weiterverarbeitung des Textes: Textzusammenfassungen, Aufgaben zum Weiterschreiben, Kommentierungen, Verfassen von Paralleltexten usw. (vgl. z. B. die Anregung von Feilke (2002): „Lesen durch Schreiben“). Wolfgang Menzel (2002) hat kürzlich eine sehr nützliche Zusammenstellung differenzierter Aufgaben eines solchen Lesecurriculums vorgelegt, die sich direkt in den Unterricht umsetzen lässt (vgl. auch Müller 2000, 10 f.; Honnef-Becker/Melan/Kühn/Reding 2003, 47 ff.).

Die Phasierung der Leseverstehensaufgaben fördert vor allem den konzeptgeleiteten Verarbeitungsprozess und ist ein methodisches Desideratum. Hier weist die PISA-Studie große Schwächen auf, da in Aufgabenstellungen die Vorteile des Phasierungsmodells nicht genutzt wurden (vgl. z. B. die Bearbeitung der kontextuell und thematisch isolierten Grafiken sowie die direkten Detailfragen zu „Tschadsee“ in PISA 2001, 98 f.). Auch bei standardisierten Prüfungen sollte man für die Schüler zu Beginn eine gemeinsame thematische Plattform im Sinne einer thematischen Vorentlastung oder Orientierung bieten und die Abfolge der Aufgaben verstehensprogressiv anlegen, z. B. Aufgaben zum

Globalverstehen vor denjenigen zum selektiven Verstehen oder Detailverstehen anordnen.
Schließlich ist noch auf eine letzte, wichtige lesedidaktische Konsequenz hinzuweisen. Bettina Hurrelmann (1994, 2002) gebührt der Verdienst, immer wieder auf die Leseförderung als kulturelle Praxis hinzuweisen. Bei einer solchen Leseförderung geht es „um den Aufbau und die Sicherung der Lesemotivation, die Vermittlung von Lesefreude und Vertrautheit mit Büchern, die Entwicklung und Stabilisierung von Lesegewohnheiten. An die Seite des vornehmlich intellektuellen und analytischen Umgangs mit Literatur soll eine altersgemäße Lesekultur treten, die möglichst all das repräsentiert, was das Lesen außerhalb der Schule anregend, lohnend und für die Teilnahme an der gesellschaftlichen Kommunikation unverzichtbar macht" (Hurrelmann 1994, 17). Zum Aufbau einer solchen erweiterten Lesekompetenz zählen daher auch „die Literaturbeschaffung, die Auswahl der Lesestoffe, der Vergleich mit Ähnlichem, die Bewertung des Gelesenen in Bezug auf die eigenen Erwartungen und Ziele, die Verständigung mit anderen Leserinnen und Lesern" (Hurrelmann 1994, 24). Im Vordergrund stehen dabei literarische Texte und Textsorten, aber die genannten Aspekte treffen auch auf Sachtexte zu. Betont werden also besonders die motivationalen und emotionalen Aspekte des Lesens bzw. der Leseförderung. Leseförderung darf folglich nicht ausschließlich auf eine Optimierung von Informationsentnahme und -verarbeitung im Sinne des konstruktivistischen Verstehensmodells beschränkt bleiben. Dem Leselerner müssen auch Kompetenzen im Bereich der Lesemotivation (z. B. durch eigeninitiative Lektüreauswahl oder -empfehlung), der Emotion und Reflexion (z. B. durch Austausch von Erfahrungen und Gefühlserlebnissen über Literatur) und Anschlusskommunikation (z. B. im „Literaturgespräch") vermittelt werden. Zur Realisierung einer solchen Leseförderung gibt es eine Reihe erprobter Unterrichtsvorschläge (vgl. z. B. die Beiträge in *Praxis Deutsch* 127/1994 oder die Hinweise bei Hurrelmann 1994, 24): von Bücherkisten, Lesekoffern, Leseecken, Klassenbibliotheken über freie Lesestunden, das Vorlesen (Lehrer und Eltern als „Lesevorbilder", „Lesepaten") bis hin zur Illustration und Rezension von Büchern, zu Leseprojekten, Buchausstellungen und Autorenlesungen oder zu Lese- und Schreibwettbewerben.
Fazit: Konzeptionell muss der Leseunterricht nach den kognitionspsychologischen Verstehensmodellen hin ausgerichtet werden, wenn man die Einengung der Lesekompetenz auf die technische Lesefertigkeit aufgeben und weitergehende Lesefähigkeiten (z. B. Informationsermittlung, Textinterpretation, Textbeurteilung, Textnutzung) vermitteln möchte. Aus didaktischer Perspektive müssen authentische Texte und Textsorten sehr viel stärker unter dem Aspekt ihrer pragmatischen Situierung, auf der Basis unterschiedlicher Lesemotivationen und -interessen sowie auf die Verschiedenheit der Lesestile und -strategien hin aufbereitet werden. Methodisch geht es um eine Differenzierung der textsortenbezogenen Lesetechniken und -methoden sowie um eine leselernerorientierte Leseförderung.

1.4 Bildungsstandards und Kompetenzdiagnose

Die Ergebnisse der PISA-Studie haben sich auch in der Diskussion um die sogenannten Bildungsstandards niedergeschlagen: Die Kultusminister der Bundesländer haben sich auf die Festlegung von Bildungsstandards geeinigt. Diese Bildungsstandards sollen gewährleisten, dass Schülerinnen und Schüler unverzichtbare Kompetenzen erwerben und Schulabgängerinnen und Schulabgänger am Ende eines Bildungsabschnitts über ein klar festgelegtes und umrissenes Grundwissen verfügen. Die Bildungsstandards beschreiben Kompetenzbereiche, die als gesichertes Wissen zusammen mit Fertigkeiten und Fähigkeiten am Ende eines Bildungsabschnitts verbindlich vorhanden sein sollen. Entsprechende Standards wurden für die Abschlussklassen der Grundschule, für Hauptschul- und Realschulabschluss sowie für die jeweilige Übergangsklasse in die gymnasiale Oberstufe erarbeitet. Auch für das Abitur liegen zwischen allen Bundesländern abgestimmte Anforderungsprofile der einzelnen Fächer vor („Einheitliche Prüfungsanforderungen" (EPAs)). Mittlerweile liegen erste Musteraufgaben und Beispiele vor, in denen das erwartete fachliche Niveau konkretisiert wird (vgl. Bildungsstandards im Fach Deutsch für den Mittleren Schulabschluss 2004 oder den Hauptschulabschluss 2005). Die untereinander abgestimmten Bildungsstandards werden von den Bildungspolitikern als erster Schritt auf dem Weg zu vergleichbaren Anforderungen am Ende der einzelnen Bildungsgänge angesehen.

Im Folgenden werden die einzelnen Kompetenzbereiche für das Fach Deutsch in einem Grundmodell zusammengefasst. Im Interesse eines integrativen Deutschunterrichts sollen im Unterricht die einzelnen Bereiche aber nicht isoliert behandelt, sondern immer aufeinander bezogen sein (Bildungsstandards im Fach Deutsch für den Mittleren Schulabschluss 2003, 9):

Sprechen und Zuhören	Schreiben	Lesen – Umgang mit Texten und Medien
zu anderen, mit anderen, vor anderen sprechen, Hörverstehen entwickeln	reflektierend, kommunikativ und gestalterisch schreiben	Lesen, Texte und Medien verstehen und nutzen, Kenntnisse über Literatur erwerben und Lesefreude entwickeln

Methoden und Arbeitstechniken

Methoden und Arbeitstechniken mit den Inhalten der Kompetenzbereiche erwerben

Sprache und Sprachgebrauch

Sprache zur Verständigung gebrauchen, fachliche Kenntnisse erwerben, über Verwendung von Sprache nachdenken und sie als System verstehen

In allen Kompetenzbereichen kommt dem Textbegriff eine zentrale Rolle zu: „Texte zu verstehen, ihnen weiterführende, sachgerechte Informationen zu entnehmen, sich mündlich und schriftlich in unterschiedlichen Situationen zu verständigen, verschiedene Schreibformen zu beherrschen, Medien fachbezogen zu nutzen und vor allem interessiert und verständig zu lesen, aber auch die Entfaltung kreativer Potentiale sind die zentralen Kompetenzen, die für die Teilhabe am gesellschaftlichen Leben, für die Vorbereitung einer beruflichen Ausbildung und für die Fortsetzung der Schullaufbahn wesentlich sind" (Bildungsstandards im Fach Deutsch für den Mittleren Schulabschluss 2004, 7). Neben der grundsätzlichen Textorientierung der Kompetenzen ist auch deren Verzahnung von essenzieller Wichtigkeit. Soll mit dieser Verzahnung Ernst gemacht werden, so muss eine Vielzahl von Sprachbüchern neu konzipiert werden und manche Lehrer müssen ihren Unterricht umstellen (vgl. Willenberg 2007). So werden beispielsweise die traditionellen Lernbereiche Grammatik- und Wortschatzarbeit (Reflexion über Sprache) grundsätzlich textorientiert eingeordnet und unter dem Rubrum „Sprache und Sprachgebrauch" pragmatisch konstituiert: „Nachdenken über Sprache und Sprachgebrauch bestimmt die Arbeit der Schülerinnen und Schüler in allen Bereichen des Deutschunterrichts. Es dient ihnen dazu, das komplexe Erscheinungsbild sprachlichen Handelns – eigenem und fremdem – und die Bedingungen, unter denen es zustande kommt bzw. aufgenommen wird, besser zu verstehen und mündlich wie schriftlich Texte zu verfassen. Sie untersuchen und formulieren Texte nach funktionalen, normativen und ggf. ästhetischen Gesichtspunkten. Im Sinne von ‚Sprache im Gebrauch' arbeiten sie an dem umfassenden Bereich menschlicher Verständigung, im Sinne von ‚Sprache als System' nehmen sie vorwiegend grammatische Erscheinungen und ihre inhaltlichen Funktionen in den Blick und nutzen diese zur Textherstellung sowie Textüberarbeitung. Somit ist die dafür notwendige grammatische Terminologie nicht im Sinne eines isolierten Begriffswissens, sondern stets im funktionalen Zusammenhang anzuwenden" (Bildungsstandards im Fach Deutsch für den Mittleren Schulabschluss 2004, 10). Konkret bedeutet dies beispielsweise, Schülerinnen und Schüler sollen „grammatische Kategorien und ihre Leistungen in situativen und funktionalen Zusammenhängen kennen und nutzen, insbesondere Tempus, Modus (Indikativ, Konjunktiv I/II), Aktiv/Passiv; Genus, Numerus, Kasus; Steigerung" (Bildungsstandards im Fach Deutsch für den Mittleren Schulabschluss 2004, 16). Der textorientierte, integrative und funktionale Wortschatz- oder Grammatikunterricht wird in der Deutschdidaktik seit Langem gefordert (vgl. Kühn 2007, 2008) und in einzelnen Sprachbüchern (z. B. Deutschbuch 1997) und gesonderten Lehrmaterialien (z. B. Honnef-Becker/Kühn 1996/2000) konsequent realisiert.

Im Kontext der Bildungsstandards spielt das Lesen sowie der Umgang mit Texten und Medien eine herausragende Rolle: „Lesen befähigt die Schülerinnen und Schüler, am gesellschaftlichen und kulturellen Leben teilzuhaben und daran mitzuwirken und fördert in besonderer Weise ihre Persönlichkeitsentwicklung. Deshalb ist es von grundlegender Bedeutung, dass die Schülerinnen und Schüler ein ausgeprägtes und weitgespanntes Leseinteresse entwickeln" (Bildungsstandards im Fach Deutsch für den Mittleren Schulabschluss 2004, 10). Hier decken sich die Zielsetzungen der PISA-Studie mit denen der Bildungsstandards sowie den deutschdidaktischen Forderungen (vgl. z. B. Hurrelmann 1994, Hurrelmann 2002, Kühn 2003). In den Vorschlägen zur Entwicklung der Lesekompetenz werden die Leseziele ähnlich beschrieben wie in den kognitionspsychologischen Ansätzen und der PISA-Studie: Die Schülerinnen und Schüler „entnehmen selbstständig Informationen aus Texten, verknüpfen sie miteinander und verbinden sie mit ihrem Vorwissen. Dafür entwickeln sie verschiedene Lesetechniken und setzen Lesestrategien gezielt ein. Sie verfügen über ein Grundlagenwissen zu Texten, deren Inhalten und Strukturen, reflektieren über Texte und bewerten sie. Sie verfügen über ein Orientierungswissen in Sprache und Literatur und nutzen die verschiedenen Medien, um Informationen zu gewinnen und kritisch zu beurteilen" (Bildungsstandards im Fach Deutsch für den Mittleren Schulabschluss 2004, 10). Diese Zielsetzungen entsprechen den neueren lesedidaktischen und -methodischen Anforderungen (vgl. 1.3.) und werden durch die Beschreibung von Einzelkompetenzen konkretisiert (vgl. Bildungsstandards im Fach Deutsch für den Mittleren Schulabschluss 2004, 13f.), z.B.:

- Beherrschung verschiedener Lesetechniken (z.B. flüssig, sinnbezogen, überfliegend, selektiv, navigierend (z.B. Bild-Ton-Text integrierend) lesen);
- Leseerwartungen nutzen;
- Wortbedeutungen aus dem Kontext klären;
- Textschemata erfassen: z.B. Textsorte, Aufbau des Textes, thematische Entwicklung nachzeichnen;
- Verfahren der Textstrukturierung kennen und selbstständig anwenden: z.B. Mit-dem-Bleistift-Lesen (Randbemerkungen setzen, Nominalstil, Stichwörter, Symbole, Farbmarkierungen, Unterstreichungen usw.), Zwischenüberschriften formulieren, wesentliche Textstellen kennzeichnen, Bezüge zwischen Textteilen herstellen, Fragen aus dem Text ableiten und beantworten;
- Informationen zielsicher entnehmen: Textaussagen erklären und konkretisieren, Stichworte formulieren, Texte und Textabschnitte zusammenfassen, Informationen ordnen, vergleichen, prüfen, ergänzen; Inhalte mit eigenen Worten wiedergeben oder veranschaulichen (z.B. durch Mindmap, Flussdiagramm);
- verschiedene Textsorten und Textfunktionen im Bereich von Sach- und Gebrauchstexten unterscheiden: z.B. informieren (Nachricht), appellieren (Kommentar), regulieren (Vertrag), instruieren (Gebrauchsanweisung); Informationen und Wertungen unterscheiden;
- nichtlineare Texte auswerten (z.B. Schaubilder, Tabellen, Statistiken);
- Intentionen des Textautors erkennen, insbesondere den Zusammenhang zwischen Autorintention(en), Textmerkmalen, Leseerwartungen und Wirkungen; Intentionen erkennen und bewerten;
- literarische Texte lesen, bewerten und nutzen; eigene Deutungen des Textes entwickeln und am Text belegen; analytische (z.B. Textvergleich) und kreative (z.B. Perspektivenwechsel) Methoden anwenden.

Diese Hinweise auf konkrete Lesefertigkeiten lassen sich ergänzen (vgl. Menzel 2002, 22f.; Honnef-Becker/Kühn/Melan/Reding 2003, 47ff.) und können als Vorstufen zur Ausarbeitung eines textsortenorientierten Lesecurriculums im Fach Deutsch angesehen werden. Die folgenden Tipps zum Leseverstehen können Hinweise geben, wie eine solche Lesedidaktik konzipiert sein könnte und sich methodisch realisieren lässt:

1.5 10 Tipps für das Leseverstehen

① Vor dem Lesen müssen die Schüler über die Verstehensziele und anzuwendenden Verstehensstrategien informiert werden. Ohne diese Angaben werden beim Schüler die falschen Einstellungen gefördert, alle Textinformationen seien gleich wichtig und er müsse alle Details dekodieren. Zudem wird suggeriert, Verstehen sei Behalten.

② Beginnen Sie das Leseverstehen mit konzeptgeleiteten Fragen: Wo findet man solche Texte? Wer hat den Text geschrieben? An wen richtet sich der Text? Was für eine Textsorte liegt vor? Über welches Thema handelt der Text? Wie ist der Text gegliedert? Was bezweckt der Autor des Textes? usw. Vermeiden Sie das Wort-für-Wort- und Satz-für-Satz-Lesen. Versuchen Sie, mit den Schülern zu Beginn der Verstehensarbeit die Gesamtbedeutung zu erarbeiten. Die Aufgaben sollten auf die pragmatische Situierung des Textes bezogen sein.

③ Versuchen Sie, zu Beginn des Leseverstehens vom Bekannten und Verstandenen auszugehen („Was habt ihr verstanden?“). Der Hinweis auf Unverstandenes („Was habt ihr nicht verstanden?“) fördert Wort-für-Wort-Strategien und ist wenig motivierend. Versuchen Sie, dem Schüler die Strategie zu vermitteln, Nichtverstandenes aufgrund des Bekannten zu erschließen. Dabei müssen die Schüler auch dazu angeleitet werden, ihr Vorwissen zu aktivieren (Antizipieren) und begründete Hypothesen aufzustellen (Inferieren). Lesen bedeutet leserabhängige Sinnzuschreibung an einen Text.

④ Das Lesen beginnt vor dem eigentlichen Lesen des Textes. Berücksichtigen Sie bei der Planung des Leseverstehens das Phasen-Modell: Stellen und formulieren Sie Aufgaben vor, während und nach dem Lesen. Die Aufgaben zum Leseverstehen sollten sich an natürlichen Lesesituationen anlehnen und unterschiedliche Lesestrategien berücksichtigen. Die Verschiedenartigkeit der Lesestrategien kovariiert dabei mit der Textsorte, der Textthematik sowie den möglichen Leseinteressen.

⑤ Versuchen Sie beim Aufbau der Lesekompetenz, über die Aufgaben vor allem das Verstehen zu steuern und weniger zu kontrollieren. Formulieren Sie die Verstehensaufgaben als Verstehenshilfen. Lenken Sie das Verstehen zu Beginn durch Verstehensaufgaben und fördern Sie anschließend die selbstständig anzuwendenden Verstehensstrategien.

⑥ Das konzept- und datengeleitete Leseverstehen erfordert das stille oder leise Lesen. Lautes Vorlesen durch den Schüler fördert höchstens die Gewohnheit, sich Wort für Wort durch den Satz bzw. den Text vorzuarbeiten. Vorlesen lernt man eher durch Mitlesen. Das laute Vorlesen ist bei der Schaffung von Lesekompetenz eine Endleistung und keine Anfangsleistung. Adäquates Vorlesen ist erst möglich, wenn man den Text verstanden hat.

⑦ Denken Sie daran, dass es beim sinnzuschreibenden Lesen grundsätzlich keinen Unterschied zwischen dem Leseprozess von Leseanfängern und von kompetenten Lesern gibt. Die konzeptgeleitete Sinnzuschreibung als grundlegende Verstehensprozedur des Lesens gilt von Anfang an. Gerade die Schüler, die beim datengeleiteten Lesen Probleme haben (z. B. Migrantenkinder), können über das konzeptgeleitete Lesen Verstehensdefizite wettmachen und schneller ausgleichen.

⑧ Versuchen Sie, den Schüler als Leselerner zu sehen und ihm die Rolle eines aktiven Lesers zuzuweisen. Der Leselerner ist kein Textdekodierer, sondern ein Leser, der – ähnlich wie im Alltag – unterschiedliche Texte und Textsorten aufgrund verschiedener Leseinteressen und -motive liest. Der Leselerner sollte die Möglichkeit erhalten, seine Verstehensziele selbst zu formulieren oder Fragen an den Text zu stellen, die seinem Interesse und Informationsbedürfnis entsprechen. Dies schafft Lesemotivation und fördert die reflexive Auseinandersetzung mit dem Text.

⑨ Das Leseverstehen muss als hypothesengeleiteter Verarbeitungsprozess verstanden werden. Bei diesem Verstehensprozess handelt es sich um ein wechselseitiges Zusammenspiel von konzeptgeleiteten und datengesteuerten Aktivitäten. Die Aufgaben und Übungen zum Leseverstehen müssen auf beide Verarbeitungsprozesse ausgerichtet sein. Nur so gelingt ein Textverständnis, das über die Informationsermittlung hinausgeht und ein textbezogenes Interpretieren, Reflektieren und Bewerten ermöglicht.

⑩ Zur Ausbildung der Lesekompetenz müssen authentische Texte und vor allem verschiedenartige Textsorten aus den unterschiedlichsten Kommunikationsbereichen zugrunde gelegt werden.

Wichtig ist, dass das Lesen im Unterricht als Leseprozessmodell (vgl. Irwin 1986) verstanden wird, in dem die genannten Teilprozesse des Lesens ineinanderspielen (vgl. Blatt / Voss 2005; Abraham / Baurmann / Feilke 2007). Welche Teilkompetenzen sich aus einem solchen Leseprozessmodell ableiten lassen, zeigt das folgende Raster, in dem die Kann-Beschreibungen der Lesekompetenzen nach vier Kompetenzstufen skaliert werden. Dieses Raster kann herangezogen werden, um die Lesekompetenzen der Schüler zu evaluieren:

Raster zur Evaluation des Leseverstehens nach Teilkompetenzen und Kompetenzstufen

Teilkompetenzen	Kompetenzstufe 1	Kompetenzstufe 2	Kompetenzstufe 3	Kompetenzstufe 4
komplexe Texte verstehen	einfache Texte wie z. B. einfache Geschichte, Rezept, Klappentext, Bastelanleitung	schwierigere Texte wie z. B. Lexikonartikel, Märchen, Meldung, Interview	komplexe Texte wie z. B. Kommentar, Fabel, Werbeanzeige	komplexe und vernetzte Texte wie z. B. Artikel oder Reportagen aus Jugendmagazinen, komplexe Geschichten
Lesestrategien anwenden	kann antizipierend und orientierend lesen kann Textsorten erkennen und benennen und z. B. Textausschnitte Büchern zuordnen	kann global lesen kann Text(sorten)bausteine erkennen und einordnen sowie Ablaufmuster von Texten rekonstruieren, z. B. einen zerschnittenen Text zusammensetzen	kann textsortenspezifisch einen Text „Schritt für Schritt“ lesen kann mit Textsorten situationsspezifisch umgehen und Leseverstehensstrategien textsorten- und interessengeleitet nutzen	kann selbstständig textsortenspezifisch und interessenorientiert differenziert Lesestrategien anwenden und nutzen kann Textsorten und Textfunktionen erkennen, Texte und Textsorten miteinander vergleichen und damit kreativ umgehen, z. B. eine Reportage in eine Zeitungsmeldung umschreiben
informationsbezogenes Lesen	kann Informationen, die im Text genannt sind, lokalisieren und benennen (Wo steht was?)	kann W-Fragen zu einem Text beantworten (wer, was, wann, wo, wie usw.)	kann selbst Fragen an den Text stellen und aus dem Text beantworten sowie konkurrierende Informationen aus dem Text herausarbeiten	kann komplexe und abstrakte Informationen entnehmen, entschlüsseln und weiterverarbeiten
interpretierendes/ reflektierendes Lesen	kann „Rahmen“ eines Textes ermitteln, z. B. herausfinden, wo eine Geschichte spielt oder wer die Geschichte erzählt	kann Hypothesen bilden und sie am Text belegen, Personen charakterisieren, Annahmen über Handlungsverläufe angeben	kann fremde Standpunkte einnehmen (Perspektivenwechsel), Motive erkennen, Positionen beschreiben und einordnen	kann Textstellen deuten, Mitgemeintes verstehen, Anspielungen oder Ironie erkennen, übertragene Bedeutungen erkennen
bewertendes Lesen	kann eigene Meinungen zu Personen, Handlungen oder in Bezug auf den Text formulieren	kann eigene Meinung formulieren und rudimentäre Bewertungen abgeben und aus dem Text begründen	kann Bewertungen abgeben, relativieren und am Text belegen, kann seinen Standpunkt in Beziehung zu anderen Standpunkten setzen	kann differenzierte Bewertungen abgeben und aus dem Text oder aufgrund seines Wissens begründen
Ganzschriften lesen	kann ein kürzeres, einfach strukturiertes und erzähltes Buch von Anfang bis Ende lesen kann Textstellen, die ihm wichtig erscheinen, wiedergeben	kann schwierigere Bücher von Anfang bis Ende lesen kann zentrale Textpassagen identifizieren und nacherzählen kann Fragen zur Handlung und Personenkonstellation beantworten	kann Bücher mit größerer inhaltlicher und sprachlicher Komplexität verstehen und weiterverarbeiten kann sich eigenständig einen Überblick verschaffen, Positionen und Konflikte erkennen, Argumentationen nachzeichnen, Personenkonstellationen bestimmen	kann mit längeren und komplexeren Büchern (mit mehreren Handlungssträngen oder Erzählperspektiven) autonom und kreativ umgehen, z. B. ein Lesetagebuch führen, kann Perspektiven wechseln, kann handlungs- und produktionsorientiert mit Textausschnitten umgehen (z. B. Rollenspiel, aus anderer Perspektive erzählen, Szenen umschreiben usw.)

1.6 Literatur

Abraham/Baurmann/Feilke 2007 = Abraham, Ulf, Jürgen Baurmann, Helmuth Feilke, Clemens Kammler, Astrid Müller: Kompetenzorientiert unterrichten. Überlegungen zum Schreiben und Lesen. In: Praxis Deutsch 34. 203/2007, 6–14.

Artelt/Stanat/Schneider/Schiefele 2001 = Artelt, Cordula, Petra Stanat, Wolfgang Schneider, Ulrich Schiefele: Lesekompetenz: Testkonzeption und Ergebnisse. In: PISA 2001, 69–137.

Aust 1996 = Aust, Hugo: Die Entfaltung der Fähigkeit des Lesens. In: Hartmut Günther und Otto Ludwig (Hrsg.): Schrift und Schriftlichkeit. Writing and its Use. Ein interdisziplinäres Handbuch internationaler Forschung. Zweiter Halbband. Berlin, New York: de Gruyter 1996, 1169–1178.

Bildungsstandards im Fach Deutsch 2004 = Bildungsstandards im Fach Deutsch für den Mittleren Schulabschluss (Jahrgangsstufe 10). Hrsg. vom Sekretariat der Ständigen Konferenz der Kultusminister der Länder in der Bundesrepublik Deutschland. Beschluss der Kultusministerkonferenz vom 4.12.2003. München: Luchterhand.

Bildungsstandards im Fach Deutsch 2005 = Bildungsstandards im Fach Deutsch für den Hauptschulabschluss (Jahrgangsstufe 9). Hrsg. vom Sekretariat der Ständigen Konferenz der Kultusminister der Länder in der Bundesrepublik Deutschland. Beschluss der Kultusministerkonferenz vom 15.10.2004. München: Luchterhand.

Blatt/Voss 2005 = Blatt, Inge, Andreas Voss: Leseverständnis und Leseprozess. Didaktische Überlegungen zu ausgewählten Befunden der IGLU-/IGLU-E-Studien. In: Bos, Wilfried, Eva-Maria Lankes, Manfred Prenzel, Knut Schwippert, Renate Valtin, Gerd Walther (Hrsg.): IGLU. Vertiefende Analysen zu Leseverständnis, Rahmenbedingungen und Zusatzstudien. Münster: Waxmann, 239–281.

Bos/Lankes/Prenzel 2003 = Bos, Wilfried, Eva-Maria Lankes, Manfred Prenzel, Knut Schwippert, Gerd Walther, Renate Valtin (Hrsg.): Erste Ergebnisse aus IGLU. Schülerleistungen am Ende der vierten Jahrgangsstufe im internationalen Vergleich. Münster: Waxmann.

Deutschbuch 1997 = Deutschbuch. Sprach- und Lesebuch. Hrsg. von Heinrich Biermann und Bernd Schurf unter Beratung von Karlheinz Fingerhut. Berlin: Cornelsen.

Feilke 2002 = Feilke, Helmuth: Lesen durch Schreiben. Fachlich argumentierende Texte verstehen und verwenden. In: Praxis Deutsch 29. 176/2002, 58–64.

Fingerhut 2002 = Fingerhut, Karl-Heinz: Die Evaluation des Leseverständnisses durch die PISA-Studie und der Literaturunterricht in der Sekundarstufe I. In: Deutschunterricht 55. 3/2002, 39–45.

Goodman 1976 = Goodman, Kenneth S.: Reading: A Psycholinguistic Guessing Game. In: Harry Singer und Robert B. Ruddell (Hrsg.): Theoretical Models and Processes of Reading. Newark, Del.: Intern. Reading Assoc., 497–508.

Honnef-Becker/Kühn 1996/2000 = Honnef-Becker, Irmgard, Peter Kühn: Grammatik-Baukasten. Grammatikübungen an Texten für das 5. Schuljahr. Donauwörth: Auer 1996. Grammatikübungen an Texten für das 6. Schuljahr. Donauwörth: Auer 2000.

Honnef-Becker/Kühn 2007 = Lesekompetenz-Tests für die Klassen 5 und 6. Band 2. Donauwörth: Auer.

Honnef-Becker/Melan/Kühn/Reding 2003 = Honnef-Becker, Irmgard, Peter Kühn, Fernand Melan, Pierre Reding: Deutsch. Die standardisierten Prüfungen zum Abschluss der Primärschule. Luxembourg: Ministère de l'éducation nationale.

Honnef-Becker/Melan/Kühn/Reding 2005: Honnef-Becker, Irmgard, Peter Kühn, Fernand Melan, Pierre Reding: Deutsch. Sprachkompetenztests zum Abschluss des 2., 4., 6. und 9. Schuljahres. Luxembourg: Ministère de l'éducation nationale.

Hörmann 1981 = Hörmann, Hans: Einführung in die Psycholinguistik. Darmstadt: Wissenschaftliche Buchgesellschaft 1981.

Hurrelmann 1994 = Hurrelmann, Bettina: Leseförderung. In: Praxis Deutsch 21. 127/1994, 17–26.

Hurrelmann 2002 = Hurrelmann, Bettina: Lesen lernen dauert ein Leben lang. In: Praxis Deutsch 29. 176/2002, 6–18.

Irwin 1986 = Irwin, Judith W.: Teaching Reading Comprehension Processes. Englewoods Cliffs, N. J.: Prentice-Hall Inc.

Kühn 2001 = Kühn, Peter: Informationen suchen, sammeln und bewerten. In: Lernchancen 4. 21/2001, 5–12.

Kühn 2002 = Kühn, Peter: PISA und die Lesekompetenz: Wie die Muttersprachendidaktik von der Fremdsprachendidaktik (Deutsch als Fremdsprache) profitieren kann. In: Der Deutschunterricht 54. 4/2002, 91–95.

Kühn 2003 = Kühn, Peter: Leseverstehen und Lesekompetenz: Verstehenstheoretische Konzepte und didaktische Folgerungen. In: Honnef-Becker/Kühn/Melan/Reding 2003, 8–40.

Kühn 2005 = Perspektiven der Deutschdidaktik. Sprachkompetenztests im Kontext von Bildungsstandards und Deutschunterricht. Luxembourg: Ministère de l'éducation nationale.

Kühn 2007 = Kühn, Peter: Rezeptive und produktive Wortschatzkompetenzen. In: Willenberg (2007), 160–167.

Kühn 2008 = Kühn, Peter: „Gute Aufgaben" zur Lernstandsbestimmung im Kompetenzbereich „Sprache und Sprachgebrauch untersuchen" [demnächst in einem Sammelband, hrsg. vom Institut für Qualitätsentwicklung im Bildungswesen, Berlin]

Kühn/Reding 2005 = Kühn, Peter, Pierre Reding: Lesekompetenz-Tests für die Klasse 4. Bildungsstandards erreichen – Vergleichsarbeiten vorbereiten. Donauwörth: Auer.

Kühn/Reding 2007 = Kühn, Peter, Pierre Reding: Lesekompetenz-Tests für die Klassen 5 und 6. Donauwörth: Auer.

Lindsay/Norman 1977 = Lindsay, Peter H. und Donald A. Norman: Human information processing. An introduction to psychology. 2. Auflage. New York: Academic Press 1977.

Ludwig 2002 = Ludwig, Otto: PISA 2000 und der Deutschunterricht. In: Der Deutschunterricht 54. 3/2002, 82–85.

Manguel 1998 = Manguel, Alberto: Eine Geschichte des Lesens. Berlin: Volk & Welt 1998.

Menzel 2000 = Menzel, Wolfgang: Lesen lernen dauert ein Leben lang. Methoden zur Verbesserung der Lesefähigkeit und des Textverständnisses. In: Praxis Deutsch 29. 176/2002, 20–24.

Müller 2000 = Müller, Astrid: Sachtexte lesen und verstehen. Bedeutung des Lesens und Verstehens. In: Lernchancen 3. 13/2000, 4–12.

PISA 2001 = PISA 2000. Basiskompetenzen von Schülerinnen und Schülern im internationalen Vergleich. Hrsg. von Jürgen Baumert, Eckhard Klieme, Michael Neubrand u. a. Opladen: Leske + Budrich 2001.

Rosebrock 2002 = Rosebrock, Cornelia: Folgen von PISA für den Deutschunterricht. In: Praxis Deutsch 29. 174/2002, 51–55.

Rosebrock 2003 = Rosebrock, Cornelia: Lesesozialisation und Leseförderung – literarisches Leben in der Schule. In: Michael Kämper van den Boogaart (Hrsg.): Deutsch-Didaktik. Leitfaden für die Sekundarstufe I und II. Berlin 2003, 153–174.

Spinner 2002 = Spinner, Kaspar H.: Über PISA-Aufgaben nachdenken. In: Praxis Deutsch 29. 176/2002, 50–52.

Willenberg 2007 = Willenberg, Heiner (Hrsg.): Kompetenzhandbuch für den Deutschunterricht. Auf der empirischen Basis des DESI-Projekts. Hohengehren: Schneider.

2. Konzeption und Aufbau der Deutsch-Tests

Die folgenden Tests sind einerseits dem wissensgesteuerten Verstehenskonzept verpflichtet, das auch den PISA- und PIRLS-Studien zugrunde liegt, andererseits erfüllen sie auch – mit Ausnahme des Sprechens – die Anforderungen der Bildungsstandards in Bezug auf die integrative Behandlung der unterschiedlichen Kompetenzbereiche im Fach Deutsch. Die vorliegenden Tests beziehen sich dementsprechend auf folgende Kompetenzbereiche des Deutschunterrichts: auf das Lese- und Hörverstehen, auf das Schreiben sowie auf die Grammatik und Wortschatzarbeit. Im Mittelpunkt der Tests steht die Arbeit mit Texten. Somit stellen die Tests einen Beitrag zur Entwicklung von Lesekompetenzen sowie zur Förderung von Leseinteresse und Lesefreude dar. Die Sprechfähigkeiten der Schülerinnen und Schüler müssen von den Lehrern aus dem Unterricht heraus bewertet werden.
Sämtliche Tests sind konzipiert für das 9. und 10. Schuljahr und können schulformübergreifend eingesetzt werden. Die Tests liegen dabei vorwiegend in standardisierter Form vor, um möglichst viele Kompetenzbereiche objektivierbar zu messen – wohlwissend, dass im Unterricht selbst eine Vielfalt von Methoden praktiziert wird. Die Aufgaben der Tests sind also größtenteils standardisiert (Multiple-Choice-Aufgaben), um subjektive Beurteilungen auszuschließen und eine Vergleichbarkeit der erbrachten Leistungen schüler-, klassen- und schulbezogen zu ermöglichen. Neben den rein standardisierten Aufgaben enthält jeder Test auch offene Aufgabenstellungen (z. B. Briefe, Argumentationen), in denen die Schüler ihre individuelle und kreative Leistungsfähigkeit unter Beweis stellen können.

Die vorliegenden Tests beziehen sich auf drei Themenbereiche: (1) Medien und ihre Vermarktung am Beispiel „Harry Potter“, (2) Arbeit und Beruf und (3) Auswanderung nach Amerika – als Beispiel für Integrations- und Migrationsprobleme. Für alle Themen liegen Tests in drei Differenzierungsstufen vor: Die Tests der Differenzierungsstufe A sind in Bezug auf die Textauswahl und Aufgabenstellungen leichter und einfacher, die der Differenzierungsstufe B mittelschwer, diejenigen der Differenzierungsstufe C schwieriger und anspruchsvoller. Die Lehrkraft muss allerdings selbst entscheiden, welche Differenzierungsstufe für ihre Klasse oder bestimmte Schüler angemessen ist.

Die einzelnen Tests beziehen sich auf folgende Kompetenzbereiche:

(1) Textverstehen

In der heutigen Verstehensdidaktik wird das Verstehen als aktiver Prozess begriffen und die Bedeutung des interpretierenden Lesers herausgestellt. Der Leser ist keine „Maschine“, der die Wörter aus dem Text nach und nach erfasst und Wort für Wort dekodiert; vielmehr ordnet er die Textinformationen aufgrund seines Vorwissens in größere Zusammenhänge ein und bewertet den Text auf der Basis seiner Wertungsmaßstäbe. Was ist das für ein Text? Wer schreibt wem mit welcher Absicht? Wo und wann? Worum geht es in dem Text? Wie ist der Text aufgebaut? Welche Themen behandelt der Text? Was gefällt oder missfällt am Text? Die Antworten auf diese Fragen ermöglichen ein globales Lesen des Textes. Dieses Globalverstehen steht am Beginn des Leseprozesses. Erst nachdem der Leser sich über den Text orientiert hat, kann er Detailinformationen aus dem Text herauslesen. Beim detaillierten Lesen geht es darum, einzelne Textpassagen bis zur Wortebene aus dem Kontext zu ermitteln. Sucht man gezielt bestimmte Informationen in einem Text, spricht man vom selektiven Lesen: Das selektive Lesen erfolgt im Sprachunterricht vor allem über gezielte Fragen. Der Verstehensprozess wird bestimmt durch das Zusammenspiel dieser verschiedenen Lesestrategien. Hinzu kommen Aufgaben, an denen festgestellt werden kann, ob der Schüler „zwischen den Zeilen“ lesen oder Textinhalte und sprachliche Formen beurteilen und kritisch und begründet einschätzen kann (vgl. 1.).

(2) Wortschatzarbeit

In den vorliegenden Tests wird die Wortschatzarbeit nicht isoliert durchgeführt, sondern ist bezogen auf Aufgaben zum Leseverstehen (rezeptive Wortschatzarbeit) sowie auf die Aufgaben zum Schreiben (produktive Wortschatzarbeit). Bei der rezeptiven Wortschatzarbeit geht es vor allem darum, Wortbedeutungen aus einem Text zu bestimmen oder zu umschreiben. Diese Art der Wortschatzarbeit gehört zum textnahen Lesen. Die Schüler müssen sich dabei konzentriert und intensiv mit dem Text beschäftigen, um die Wortbedeutungen aus dem Zusammenhang erschließen zu können. Bei der produktiven Wortschatzarbeit müssen die Schüler beispielsweise passende Wortverknüpfungen finden sowie treffende und anschauliche Wörter in Texten einsetzen. Die produktive Wortschatzkompetenz wird allerdings vor allem bei den freien, nicht standardisierten Schreibaufgaben gefordert.

(3) Grammatikarbeit

Die Grammatikarbeit erfolgt – ähnlich wie die Wortschatzarbeit – nicht isoliert und analytisch, sondern ist satz- und textbezogen und mit den zentralen Lernbereichen des Deutschunterrichts vernetzt. Die Aufgaben zur Grammatik sind dabei sowohl auf das Verstehen als auch auf das Formulieren von Sätzen sowie Schreiben von Texten orientiert. Die Auswahl der grammatischen Themen ergibt sich daher auch aus diesen Zielsetzungen und den jeweiligen Texten und Textsorten: Bei Geschichtstexten, in denen historische Abläufe und Ereignisse geschildert werden, bietet es sich beispielsweise an, Aufgaben zum Präteritum oder zur temporalen Verknüpfung (z. B. Zeitadverbien) zu behandeln. In einem Bericht können dagegen eher adverbiale Bestimmungen (z. B. Orts- oder Zeitangaben) zum grammatischen Thema werden. In den vorliegenden Tests werden u. a. folgende grammatische Themen behandelt: Satzglieder zur Vervollständigung von Texten einsetzen, Präsens und Präteritum in den entsprechenden Textsorten korrekt gebrauchen, verschiedene Texte mithilfe von Pronomen, Konjunktionen, Adverbien sinnvoll miteinander verknüpfen, passende Adjektive in der korrekten Form in Texten gebrauchen, verschiedene grammatische Mittel zur Satzverknüpfung verwenden.

(4) Schreiben

Das Schreiben wird in den Tests an verschiedenen Stellen thematisiert. Zum einen in Verbindung mit anderen Fertigkeitsbereichen – Leseverstehen, Hörverstehen, Wortschatz, Grammatik –, zum anderen als freies Schreiben. Während die Schüler bei der Text- und Grammatikarbeit vor allem Wörter und Sätze schreiben oder Textpassagen überarbeiten, geht es beim freien Schreiben darum, einen Text selbstständig zu verfassen: von der Planung über erste Formulierungen bis hin zur grammatisch und orthografisch korrekten Reinschrift in treffender Wortwahl. In den vorliegenden Tests geht es vor allem um Aufgaben zum freien und argumentativen Schreiben. Diese Schreibaufgaben werden in der Regel durch bestimmte Vorgaben (z. B. Tipps, Fragen, Notizzettel) gesteuert, sodass die Schüler eine Hilfe beim Schreiben und die Lehrkräfte einen entsprechenden Korrekturmaßstab geboten bekommen. Auch wenn sich das Schreiben einer konsequenten Standardisierung entzieht, so lassen sich damit gleichwohl Kriterien der Beurteilung festlegen.
Die Grammatikaufgaben sind größtenteils für Schüler mit Migrationshintergrund (DaZ) gedacht.

(5) Aufbau der Tests

Sämtliche Tests werden für die Lehrerin und den Lehrer in gleicher Weise kommentiert:

- **Thema und Textauswahl**

Zunächst werden Thema und Textauswahl des Tests legitimiert und kommentiert.
Alle Aufgaben der Tests sind auf ein bestimmtes Thema bezogen. Die Themenauswahl ist dabei auf den Erfahrungshorizont und die Lebenswelt der Schülerinnen und Schüler hin orientiert. Damit sind die Lesetexte konsequent thematisch eingebunden. Nur so können beim Verstehen auch konzeptgeleitete Prozesse optimal genutzt werden, wie dies auch in authentischen Lesesituationen außerhalb des Unterrichts der Fall ist.
Die Auswahl der Texte bei der Überprüfung der Verstehenskompetenzen orientiert sich einerseits an curricularen Vorgaben, andererseits an den Interessen der Schüler und Schülerinnen. Die Textbearbeitung setzt kein Sach- oder Fachwissen voraus. Die Texte bzw. Textausschnitte stammen entweder aus der modernen Jugendliteratur oder aber es handelt sich um

Gebrauchstexte, z. B. um Sachtexte, Briefe, Zeitungsartikel usw. Basis eines jeden Tests sind also authentische Texte.

- **Abfolge der Aufgaben**

Alle Tests sind lernschrittprogressiv aufgebaut und ermöglichen damit allen Schülern die stufenweise Einarbeitung in Thematik und Aufgabenstellungen. So werden beispielsweise alle Schüler durch thematische Vorentlastungen oder Orientierungen (z. B. über Autor, Aufbau und Inhalt eines Buches) auf den gleichen Informationsstand gebracht, von dem aus sie die weiteren Aufgaben in Angriff nehmen können. Auch die Abfolge der Aufgabenblöcke ist lernschrittprogressiv: So müssen die Schüler beispielsweise zunächst Aufgaben zum Globalverstehen lösen und haben sich einen Überblick über den Text verschafft, ehe sie Aufgaben zum selektiven Verstehen bearbeiten müssen.
Jeder Test enthält eine Vielzahl unterschiedlicher Aufgaben und Aufgabentypen zu den Kompetenzbereichen Leseverstehen, Schreiben, Grammatik und Wortschatz. Die Vielfalt der Texte und der dazugehörenden Aufgaben bestimmt auch die äußere Form und Aufmachung jeder Prüfung: Die Texte wirken nicht wie Prüfungstexte. Die Abbildungen haben verschiedene Funktionen: Sie sollen Textinhalte illustrieren, Erwartungen und Assoziationen wecken, auf das Thema vorbereiten, als Vorgaben zum Schreiben eingesetzt werden oder auch der Auflockerung dienen. Ziel des skizzierten Aufbauprinzips ist, die Testfunktion in den Hintergrund treten zu lassen. Bei der Formulierung der Aufgaben spielt auch das Verständlichkeitskriterium eine wichtige Rolle.

- **Kompetenzbereiche und Lösungsschlüssel**

Die Angaben und Erläuterungen der Kompetenzbereiche sowie die Differenzierung und Relationierung der Einzelkompetenzen zu Aufgaben(blöcken) in den Tests erlaubt es den Lehrkräften, den Test als Sprachdiagnose-Test zu nutzen. In den Tests geht es nicht in erster Linie darum, die Leseleistungen der Schülerinnen und Schüler zu kontrollieren, denn mithilfe des Tests können Lesefertigkeiten der Schüler differenzierter eingeschätzt und beurteilt werden. Fehler sollen dabei nicht als ausschließlich negativ bewertet, sondern zur Sprachstandsdiagnose genutzt und als Lernchance begriffen werden: Fehler dokumentieren den Lernprozess eines jeden Schülers und geben dem Lehrer Hinweise, wie er seinen Unterricht differenzieren und auf die Lernbedürfnisse des Schülers oder der ganzen Klasse ausrichten kann. Der Lehrer hat über die Angabe der Kompetenzbereiche und Aufgabenstellungen die Möglichkeit, die unterschiedlichen Lesekompetenzen seiner Schüler präzise zu diagnostizieren und die festgestellten Defizite gezielt anzugehen. Die Lösungsschlüssel ermöglichen eine schnelle und unkomplizierte Auswertung der Tests.

(6) Durchführung der einzelnen Prüfungen

Die konsequente Themenorientierung der einzelnen Prüfungstests hat den Vorteil, die Tests als in sich abgeschlossene Unterrichtssequenzen einzusetzen. Jede Lehrkraft sollte vorab bestimmen, welchen Zeitrahmen sie ihrer Klasse oder ihrem Schüler zur Verfügung stellen möchte.
Der Lehrer soll die Schüler darauf hinweisen, zuerst alle Antwortmöglichkeiten genau durchzulesen. Zu jeder Frage gibt es nur eine einzige richtige Antwort. Unbekannte Ausdrücke werden nicht erklärt, sondern sollen aus dem Kontext erarbeitet werden. Konzeption und Aufbau der PISA-Fragebögen vermitteln den Eindruck von punktueller Kontrolle und Überprüfung. Die Anlage der vorliegenden Tests ist dagegen so konzipiert, dass Lesekompetenzen nicht nur evaluiert, sondern durch den Test selbst auch vermittelt und aufgebaut werden können. Die vorliegenden Tests können damit auch didaktisch-methodische Anregungen liefern und sollen auch als Muster für das produktive Training von Leseverstehenskompetenzen verstanden und gebraucht werden.
Das vorliegende Aufgabenpaket ist erstmals im Auftrag des luxemburgischen Erziehungsministeriums erarbeitet worden. Alle Tests sind im Großherzogtum Luxembourg erprobt (vgl. hierzu Irmgard Honnef-Becker / Peter Kühn / Fernand Melan / Pierre Reding: Deutsch. Sprachkompetenztests zum Abschluss des 2., 4., 6., und 9. Schuljahres. Hrsg.: Ministère de l'éducation nationale, Luxembourg 2005).

Medien und ihre Vermarktung am Beispiel „Harry Potter"

Differenzierungsstufe A: Harry Potter – Wie ein Buch vermarktet wird

Kommentar

1. Thema und Textauswahl

Die Aufgaben dieser Differenzierungsstufe A haben ein gemeinsames Thema: die Vermarktung der Harry-Potter-Bücher. Es geht also nicht um die Auseinandersetzung mit einem (bestimmten) Harry-Potter-Buch, sondern um das Medienspektakel, von dem das Erscheinen der Harry-Potter-Bücher begleitet wird. In den Texten werden verschiedene Aspekte thematisiert: Zum einen der Rummel um die Bücher, zum anderen aber auch unterschiedliche Reaktionen auf die Bücher – von der uneingeschränkten Begeisterung in einer Internetrezension bis hin zu warnenden und kritischen Stimmen in einem Zeitungstext, die sogar auf gesundheitliche Schäden hinweisen.
Der einführende Text dieser Differenzierungsstufe ist ein Artikel aus dem Jugendmagazin „Juma" („Kennt ihr eigentlich Harry Potter?"), in dem der Erfolg und der Rummel um die Harry-Potter-Bücher thematisiert werden. Bei diesem Text handelt es sich um einen relativ kurzen und leicht verständlich formulierten Text, der vor allem Informationen enthält. Der zweite Text („Harry Potter and the Order of the Phoenix – Wieder ein großer Erfolg") beschreibt den Medienrummel beim Erscheinen des fünften Harry-Potter-Bandes. Während diese beiden Texte auf Informationsvermittlung ausgerichtet sind, sind die beiden Kurztexte auf Seite 25 (Zeitungsartikel und Leserbrief) eher meinungsbezogen: Hier werden Einwände gegen und Begeisterung für die Harry-Potter-Bücher ausgedrückt. Die Schüler sollen diese beiden Positionen miteinander vergleichen und sich mit diesen Meinungen auseinandersetzen.

2. Leistungsanforderungen und Aufgabenbereiche

Die Aufgaben 1–3 beziehen sich auf das Leseverstehen des Eingangstextes: Aufgaben 1 und 3 auf das Globalverstehen, Aufgabe 2 auf das Selektivverstehen. In Aufgabe 1 sollen die Schüler die Zentralfigur des Textes (Harry Potter) einordnen. In Aufgabe 3 müssen sie die Zentralaussage des Textes (Rummel um Harry Potter) bestimmen und beschreiben. Aufgabe 2 ist eine Aufgabe zum selektiven Verstehen; hier sollen die Schüler drei Kriterien finden und formulieren, warum die Harry-Potter-Bücher so erfolgreich sind.
Bei Aufgabe 4 handelt es sich um eine textbezogene Grammatikaufgabe. Die Schüler überarbeiten einen Zeitungsartikel („Harry Potter and the Order of the Phoenix – Wieder ein großer Erfolg"), indem sie vorgegebene Infinitive in der korrekten Imperfektform einsetzen müssen (Konjugation).
Die Aufgaben 5–7 beziehen sich ebenfalls auf das Leseverstehen. In Aufgabe 5 geht es um das globale und vergleichende Lesen: Die Schüler sollen entscheiden, welche charakterisierenden Aussagen zu welchem der beiden Texte von Seite 5 passen. In Aufgabe 6 geht es um die rezeptive Wortschatzarbeit. Die Schüler müssen die Bedeutung wichtiger Wörter und Textpassagen aus dem Kontext bestimmen, indem sie die richtige Antwort ankreuzen; bei den Wörtern und Textpassagen handelt es sich um thematisch wichtige Textstellen. In Aufgabe 7 müssen die Schüler Stellungnahmen aus einem Text („Harry Potter und die Folgen") bestimmen (Risiken der Harry-Potter-Lektüre) und in ganzen Sätzen formulieren.
Aufgabe 8 bezieht sich auf die produktive Grammatikarbeit. Die Schüler sollen unvollständige Internetsätze überarbeiten und selbstständig die fehlenden Satzteile (z. B. fehlendes Subjekt oder fehlendes Prädikat) ergänzen.
Aufgabe 9 ist eine Aufgabe zum freien Schreiben. Diese Aufgabe ist auf das Leitmotiv des Tests, Medienrummel um Harry-Potter-Bücher und -Filme, bezogen. Die Schüler sollen in einem Brief an ihren Direktor bzw. ihre Direktorin einen Filmbesuch organisieren. Sie sollen ihren Adressaten über ihr Vorhaben

informieren und genau erklären, wann und wo der Film gezeigt wird, warum sie den Film während der Schulzeit sehen wollen, wer sie begleitet und wie die Hin- und Rückfahrt ablaufen soll. Über diese Vorgaben werden die Schüler orientiert.

3. Kompetenzbereiche und Kompetenzen

Im Einzelnen werden folgende Kompetenzbereiche angesprochen:

(a) Textverstehen
- *globales Lesen:*
  Hauptfigur einordnen, Bestimmung zentraler Textaussagen, Textfunktionen bestimmen (Aufgaben 1, 3, 5)
- *selektives Lesen:*
  Herauslesen bestimmter Textinhalte (Aufgabe 2)
- *detailliertes Lesen:*
  Verstehen wichtiger Wörter und Textpassagen aus dem Text (Aufgabe 6)
- *vergleichendes Lesen:*
  Textfunktionen verschiedener Texte bestimmen und vergleichen (Aufgabe 5)
- *bewertendes Lesen:*
  Meinungen aus einem Text herausarbeiten (Aufgabe 7)

(b) Grammatikarbeit
- Imperfektformen in einen Text einsetzen (Tempus, Konjugation) (Aufgabe 4)
- unvollständige Sätze vervollständigen (Aufgabe 8)

(c) anlassbezogenes Schreiben
- Brief an den Direktor/die Direktorin schreiben (Aufgabe 9)
- Anforderungen an den Brief:
  - Adressatenbezug (z. B. Anredeformen: *Sie*),
  - formale Gliederung (Anredeformel, Anliegen, Schlussformel),
  - Beachtung der Anweisung: Struktur und Inhalt des Briefes sind durch Frageimpulse gesteuert,
  - Begründungen für das Anliegen,
  - passende und treffende Wortwahl,
  - Wörter und Sätze grammatisch und orthografisch korrekt schreiben (Rechtschreibung).

Kennt ihr eigentlich Harry Potter?

Harry Potter ist eigentlich ein ganz normaler Junge. Doch als er 11 Jahre alt wird, ändert sich sein Leben. Harry kommt auf ein Internat für Zauberer. Außerdem erfährt er, dass er einen mächtigen Feind hat – doch wem erzähle ich das? Harry Potter ist auf der ganzen Welt bekannt. Die Bücher mit den Erlebnissen des Zauberschülers wurden in 65 Sprachen übersetzt und weltweit mehr als 325 Millionen Mal verkauft. Die Autorin Joanne K. Rowling, die früher einmal als Lehrerin gearbeitet hat, ist heute eine der reichsten Frauen Großbritanniens.

In Deutschland sind bisher über 25 Millionen Harry-Potter-Bücher verkauft worden und stehen ganz oben auf den Bestsellerlisten. Die Fans kommen aus allen Altersgruppen. Auf eigenen Seiten im Internet schicken sie sich gegenseitig Briefe und rätseln, wie die Geschichte wohl weitergeht. Auch im Schulunterricht ist der junge Zauberer ein großes Thema. Denn wann haben Lehrer sonst die Chance, dass Schüler freiwillig Hunderte von Seiten lesen?

Sieben Harry-Potter-Bücher hat Joanne K. Rowling insgesamt geschrieben. Das Erscheinungsdatum für den siebten Band war der Herbst 2007.

Mit der Verfilmung des ersten Buches ist der Rummel um Harry Potter dann nochmals enorm angestiegen. Ab diesem Zeitpunkt ging es vor allem um das ganz große Geld. „Merchandising“ nennt sich so etwas: die Verwertung des Produkts „Harry Potter“ auf Tassen, Tellern, Kerzen, Postern, Notizblöcken, Federmäppchen, Rucksäcken, Schlüsselanhängern usw. – die Maschinen laufen immer weiter.

A	Name:	Datum:

Lies den Artikel aus dem Jugendmagazin – „Kennt ihr eigentlich Harry Potter?“ – und beantworte die folgenden Fragen.

1. Wer ist Harry Potter? Kreuze die richtige Antwort an.

- ☐ Eine Romanfigur, die Joanne K. Rowling erfunden hat.
- ☐ Ein 11-jähriger Junge, den Joanne K. Rowling in England kennengelernt hat.
- ☐ Ein junger Mann, der überall auf der Welt Zauberstücke vorführt.
- ☐ Ein Autor, der viele erfolgreiche Bücher geschrieben hat.

2. Woran kannst du sehen, dass Harry-Potter-Bücher sehr erfolgreich sind? Nenne drei Punkte.

- ____
- ____
- ____

3. a) Was ist in dem letzten Abschnitt mit „Rummel um Harry Potter“ gemeint? Führe Beispiele an.

____

b) Was denkst du über den Rummel um Harry Potter?

____

A	Name:	Datum:

4. Lies jetzt den Text über das Erscheinen des fünften Harry-Potter-Romans und ergänze die Verben im Präteritum. Achte auf die richtigen Formen. Ein Beispiel ist vorgegeben.

Harry Potter and the Order of the Phoenix: Wieder ein großer Erfolg

13 Millionen Exemplare *ließ* (lassen) der Verlag Bloomsbury vom fünften Band „Harry Potter and the Order of the Phoenix" drucken. Mit dieser Startauflage ______________ (erreichen) der Verlag einen neuen Rekordwert. Nach monatelangem Warten ______________ (erscheinen) im November 2003 der fünfte Band der Harry-Potter-Reihe. Buchhandlungen in ganz Großbritannien ______________ (öffnen) um kurz nach Mitternacht die Türen und ______________ (verkaufen) das Buch.

Auf dem Piccadilly Circus ______________ (feiern) die Fans eine große Harry-Potter-Party. Ein Buchhändler ______________ (bauen) auf dem Londoner Bahnhof Kings' Cross das Gleis 9 3/4 nach, das die jungen Leser aus den Büchern kennen. In den Buchhandlungen ______________ (finden) Lesenächte statt und die Kinder ______________ (verkleiden) sich als Harry Potter.

Die Autorin ______________ (verbringen) die Nacht der Buchveröffentlichung in ihrem Haus im schottischen Edinburgh. Nach letzten Schätzungen ist sie mit einem Vermögen von über 400 Millionen Euro reicher als die Queen.

Seinen Erfolg verdankt das Buch wohl nicht nur der zauberhaften und fesselnden Story, sondern auch dem Medienrummel, der um das Buch ______________ (entstehen).

A	Name:	Datum:

Lies den Zeitungsartikel und den Leserbrief auf dieser Seite.

Harry Potter und die Folgen

3. Oktober. Die Welle der Begeisterung um den kleinen Zauberer lässt auch nach fünf Bänden nicht nach. Die Medien berichten immer häufiger über Harry Potter und die Werbung der Buchverlage wird immer ausgefeilter. Doch diese Begeisterung wird nicht von allen geteilt.

Obwohl die Harry-Potter-Begeisterung hohe Wellen schlägt, melden sich auch kritische Stimmen zu Wort. Kaum ist der fünfte Band erschienen, schlägt der amerikanische Mediziner Howard Benett bereits Alarm. Das Lesevergnügen des fünften Bandes hat auch Nachteile, wenigstens für junge Leser. Drei Kinder im Alter von acht bis zehn Jahren, berichtet Benett in einer medizinischen Fachzeitschrift, hätten unter Migräne gelitten, nachdem sie mehrere Stunden lang im Band „Harry Potter und der Orden des Phönix" geschmökert hätten. Benett äußert keine grundsätzlichen Einwände gegen das Buch, sondern schildert lediglich negative Folgen für die Gesundheit der Kinder: Gewicht und Größe des neuen Wälzers sind verantwortlich für den Kopfschmerz. Sie führen zu Verspannungen.
Das Jugendamt der Stadt München weist dagegen auf andere Gefahren hin. Die komplizierte Handlung und die vielen Gewaltszenen können manche Kinder schnell überfordern und Ängste hervorrufen, vor allem, wenn sie mit ihren Ängsten alleingelassen würden.

---

1 von 6 Kunden fanden die folgende Rezension hilfreich:

☆☆☆☆☆ Harry Potter – wieder ein Muss für alle Fans, 23. November 20. .

Rezensentin/Rezensent: **Toby** aus Ingolstadt, Bayern (DE)

Selten so viel Spaß gehabt. Der neue Harry Potter: Ein absolutes Muss für alle Fans! Mit seinen über 1000 Seiten liest man doch eine ganz schöne Weile, aber dieses Buch ist es absolut wert, gelesen zu werden. Ein geniales Buch. Muss man gelesen haben. Glaub mir, wenn du mal so richtig in der Zauberwelt drin bist, kommst du so einfach nicht mehr heraus! Es wird dir auch diesmal wirklich wieder schwerfallen, das Buch beiseite zu legen! Meine Meinung: Wieder ein absoluter Bestseller von J. K. Rowling! Freue mich heute schon auf den nächsten Band!!!!

ja nein

War diese Rezension für Sie hilfreich?

http://www.amazon.de/exec/obidos/tg/stores/detail/-/books/3551555559/customer-reviews/23/ref=cm_rev_next/302-4420833-1034468?show=%2Bsubmittime

A	Name:	Datum:

5. Vergleiche jetzt den Zeitungsartikel (Z) „Harry Potter und die Folgen“ mit dem Leserbrief (L) von Toby.
Setze ein L in den Kasten, wenn der Satz zu dem Leserbrief passt; setze ein Z in den Kasten, wenn er auf den Zeitungstext zutrifft.

Beispiel:

Z Das Gewicht des Wälzers führt zu Kopfschmerzen.

☐ Der Text drückt die Begeisterung für die Harry-Potter-Bücher aus.

☐ Der Schreiber fordert zum Lesen von Harry-Potter-Büchern auf.

☐ Der Text sagt, dass nicht jedermann von Harry Potter überzeugt ist.

☐ Der Text beschreibt Gefahren der Harry-Potter-Lektüre.

☐ Der Schreiber findet, das Buch sei nicht für alle Kinder geeignet.

☐ Der Schreiber hofft, dass der fünfte Band nicht der letzte sein wird.

A	Name:	Datum:

6. Was bedeuten die folgenden Wörter und Wendungen aus dem Artikel „Harry Potter und die Folgen"? Kreuze die richtige Antwort an.

Beispiel:
Die Werbung der Buchverlage wird immer ***ausgefeilter…*** bedeutet:

- ☐ Die Werbung wird immer langweiliger.
- ☒ Die Werbung wird immer raffinierter.
- ☐ Die Werbung wird immer teurer.
- ☐ Die Werbung wird immer gefährlicher.

Obwohl die Harry-Potter-Begeisterung ***hohe Wellen schlägt…*** bedeutet:

- ☐ Obwohl die Harry-Potter-Begeisterung abnimmt…
- ☐ Obwohl die Harry-Potter-Begeisterung kaum jemanden interessiert…
- ☐ Obwohl die Harry-Potter-Begeisterung enorm groß ist…
- ☐ Obwohl die Harry-Potter-Begeisterung wunderschön ist…

Kritische Stimmen… sind

- ☐ Stimmen, die stören.
- ☐ Stimmen, die loben.
- ☐ Stimmen, die auf Gefahren und Fehler hinweisen.
- ☐ Stimmen, die nur Ärger bereiten.

Nachdem die Kinder mehrere Stunden lang in einem Buch ***geschmökert*** *haben…* bedeutet:

- ☐ Die Kinder haben mehrere Stunden lang in einem Buch geblättert.
- ☐ Die Kinder haben mehrere Stunden lang in einem Buch nachgeschlagen.
- ☐ Die Kinder haben mehrere Stunden lang in einem Buch gelernt.
- ☐ Die Kinder haben mehrere Stunden lang in einem Buch gelesen.

Benett ***äußert keine*** *grundsätzlichen* ***Einwände*** *gegen das Buch…* bedeutet:

- ☐ Benett hat keine grundsätzliche Meinung zu dem Buch.
- ☐ Benett hat grundsätzlich keine Lust, das Buch zu lesen.
- ☐ Benett hat grundsätzlich nichts an dem Buch auszusetzen.
- ☐ Benett äußert sich grundsätzlich nicht zu Büchern.

Die vielen Gewaltszenen können manche Kinder schnell ***überfordern…*** bedeutet:

- ☐ Die vielen Gewaltszenen können die Kinder nicht verarbeiten.
- ☐ Die vielen Gewaltszenen können den Kindern nicht schaden.
- ☐ Die vielen Gewaltszenen interessieren die Kinder nicht.
- ☐ Die vielen Gewaltszenen können die Kinder schnell ermüden.

A	Name:	Datum:

7. Lies jetzt den Zeitungsartikel „Harry Potter und die Folgen“ noch einmal. Unterstreiche alle Sätze und Textteile, die Nachteile der Harry-Potter-Bücher beschreiben. Halte anschließend die zwei wichtigsten Gründe gegen die Potter-Lektüre auf folgendem Notizzettel fest.

Meine Meinung:

A	Name:	Datum:

8. Lies noch einmal den Leserbrief von Toby. Im Internet findet man häufig Texte mit unvollständigen Sätzen. Überarbeite Tobys Leserbrief und vervollständige die nachfolgenden Sätze. Ein Beispiel ist vorgegeben.

Beispiel: Selten so viel Spaß gehabt.

Ich habe selten so viel Spaß gehabt.

Der neue Harry Potter: Ein absolutes Muss für alle Fans!

Ein geniales Buch.

Muss man gelesen haben.

Meine Meinung: Wieder ein absoluter Bestseller von J. K. Rowling!

Freue mich heute schon auf den nächsten Band!!!!

A	Name:	Datum:

Harry Potter wird nicht nur gelesen, sondern auch verfilmt. Stell dir vor, demnächst würde eine deutsche Fassung von „Harry Potter – im Labyrinth der Städte“ erscheinen. Du sollst helfen, einen Filmbesuch für Schüler deiner Klasse zu organisieren.

9. Schreibe einen Brief an den Direktor deiner Schule und informiere ihn über euer Vorhaben. Denke daran, dass du in diesem Brief genau erklärst:

- wann und wo der Film gezeigt wird,
- warum ihr den Film unbedingt sehen wollt, und das auch noch während der Schulzeit (mehrere Gründe),
- wer euch begleitet,
- wie die Hin- und Rückfahrt abläuft.

Sehr geehrte Frau Direktorin,

Sehr geehrter Herr Direktor,

____

____

____

____

____

____

____

____

____

____

____

____

____

____

____

A	Name:	Datum:

Kommentar

1. Thema und Textauswahl

Die Aufgaben dieser Differenzierungsstufe B haben ein gemeinsames Thema: die Vermarktung der Harry-Potter-Bücher. Es geht also nicht um die Auseinandersetzung mit einem (bestimmten) Harry-Potter-Buch, sondern um das Medienspektakel, von dem das Erscheinen der Harry-Potter-Bücher begleitet wird. In den Texten werden verschiedene Aspekte thematisiert: Zum einen der Rummel und die Begeisterung um die Bücher, zum anderen aber auch kritische Reflexion darüber – verbunden mit Tipps und Ratschlägen, wie man „vernünftig" mit Harry-Potter-Büchern umgehen kann.
Den Einstieg in diese Differenzierungsstufe bilden zwei Texte: ein Internettext über den Erfolg der Harry-Potter-Bücher (Haupttext) sowie – komplementär hierzu – eine biografische Notiz über die Autorin der Romane, Joanne K. Rowling (Text im Kasten). Basistext ist ein Artikel aus dem Jugendmagazin GEOlino („Angst vor Harry Potter?"). Während die beiden Einstiegstexte Ausdruck der Harry-Potter-Begeisterung sind, handelt es sich bei dem Text aus dem Jugendmagazin um einen argumentativen Text, in dem das Pro und Kontra der Harry-Potter-Lektüre thematisiert werden. Hier sollen die Leser zu einem reflektierten Umgang mit den Romanen angeregt werden. Der Test enthält zudem einen kürzeren Zeitungstext, in dem über Harry-Potter-Bücher als das Medienereignis schlechthin berichtet wird.

2. Leistungsanforderungen und Aufgabenbereiche

Die Aufgaben 1–5 beziehen sich auf das Leseverstehen der ersten beiden Texte: In Aufgabe 1 sollen die beiden Texte der jeweiligen Textsorte zugeordnet und miteinander verglichen werden. In den anschließenden Aufgaben 2 und 3 geht es um das Globalverstehen (Bestimmung zentraler Textaussagen) in den beiden Einstiegstexten. Aufgabe 4 ist eine Aufgabe zum selektiven Lesen; hier sollen die Schüler eine zentrale Textinformation (Ursache für das Interesse der Kinder an den Harry-Potter-Büchern) herauslesen.
In Aufgabe 5 geht es um die rezeptive Wortschatzarbeit. Die Schüler müssen die Bedeutung bestimmter zusammengesetzter Wörter aus dem Text heraus bestimmen und dann in eigenen Worten paraphrasieren; bei diesen Wörtern handelt es sich um Schlüsselbegriffe des Textes „Kennt ihr Harry Potter schon?".
Die Aufgaben 6–8 beziehen sich auf den Text „Angst vor Harry Potter?". Dieser Text wird global (Aufgabe 6: Überschriften zuordnen) und selektiv (Aufgabe 7: Herausarbeiten der Pro- und Kontra-Argumente) gelesen. Aufgabe 8 ist eine Paraphraseaufgabe: Die Schüler müssen zentrale Textstellen (Leseempfehlungen) bestimmen und dazu nutzen, die vorgefundenen Ratschläge in eigenen Worten zu formulieren.
Die Aufgaben 9 und 10 beziehen sich auf die textuelle Grammatikarbeit: In Aufgabe 9 wird ein Zeitungsartikel überarbeitet, indem die korrekten Verbformen im Präsens eingesetzt werden (Konjugation). Aufgabe 10 ist eine Aufgabe zur produktiven Grammatikarbeit: Die Schüler müssen vorgegebene Hauptsätze mit dem passenden Verknüpfungswort verbinden und dabei auch die korrekte Satzstellung beachten (Konjunktionen und Wortstellung).
Aufgabe 11 ist eine Aufgabe zum freien Schreiben. Diese Schreibaufgabe ist auf die in Märchenform präsentierte biografische Notiz bezogen (Seite 33, Text im Kasten). Die Schüler sollen eine ähnlich „märchenhafte" Biografie erfinden und sollten sich dabei an der Struktur der Biografie Rowlings (problematische Ausgangssituation, Wendepunkt, Happy End) orientieren. Als Impuls dient eine Reihe von Schlagzeilen, aus denen die Schüler wählen können.

3. Kompetenzbereiche und Kompetenzen

Im Einzelnen werden folgende Kompetenzbereiche angesprochen:

(a) Textverstehen
- *globales Lesen:*
  Zuordnung zu Textsorten, Bestimmung zentraler Textaussagen, Überschriften zuordnen (Aufgabe 1–3, 6)

- *selektives Lesen:*
  Herauslesen wichtiger Textpassagen, Herausarbeiten von Pro- und Kontra-Argumenten (Aufgabe 4, 7)
- *detailliertes Lesen:*
  Verstehen wichtiger Wörter aus dem Text (Aufgabe 5)
- *vergleichendes Lesen:*
  Textsorten zuordnen (Aufgabe 1)
- *bewertendes Lesen:*
  Text zur eigenständigen Formulierung von vorgefundenen Lesetipps nutzen (Aufgabe 8)

(b) Grammatikarbeit
- passende Verbformen korrekt in einen Text einsetzen (Konjugation im Präsens)
- Sätze mit passenden Verknüpfungswörtern miteinander verbinden (Konjunktionen) (Aufgaben 9, 10)

(c) freies Schreiben
- Textsorte „märchenhafte" Biografie (Aufgabe 11)

  Anforderungen an die Biografie:

  - Aufbau und Struktur beachten, Handlungsstrang zu Ende führen (problematische Ausgangssituation – Wendepunkt – Happy End),
  - Orientierung an der Textsorte Märchen (z.B. Formulierungen: *Es war einmal…;* Typisierungen: z.B. vom „armen Schlucker" zum Superstar; Verstärkungen: z.B. *bitterarm, wunderschön),*
  - Text verständlich formulieren, Zusammenhänge deutlich machen,
  - Sätze und Abschnitte sinnvoll miteinander verknüpfen,
  - treffende Wortwahl, Sätze grammatisch und orthografisch korrekt schreiben (Rechtschreibung).

Kennt ihr Harry Potter schon?

Der Romanheld ist ein 11-jähriger, kleiner, dürrer Junge mit schmalem Gesicht, grünen Augen und einer feinen blitzmäßigen Narbe auf der Stirn. Er trägt eine runde Brille und wird Harry Potter genannt.

Die Schöpferin Harry Potters, die englische Autorin Joanne K. Rowling, wird in der Bundesrepublik eine Lesereise machen. Wir freuen uns über ihren Besuch, denn ihre Harry-Potter-Romane verführen auch eingefleischte Lesemuffel unter den Schülern dazu, sich durch „dicke Wälzer" zu kämpfen, und das mit wachsender Begeisterung! So ist es zumindest in den USA und in England, wo die Bücher inzwischen auch als Schullektüre Verwendung finden. Die Lehrer können sich seitdem über mangelnde Aufmerksamkeit der Schüler nicht beklagen.

Die interessante Biografie der Autorin, die eine Traumkarriere hinlegte, nachdem 1997 ihr erster Harry-Potter-Band erschien, ist im Kasten auf dieser Seite nachzulesen. Ihr erster deutschsprachiger Band, der 335 Seiten starke Abenteuerroman „Harry Potter und der Stein der Weisen", wurde in Deutschland bisher 5,4 Millionen Mal verkauft und es ist noch kein Ende abzusehen. Der Carlsen Verlag in Hamburg, bei dem die deutsche Ausgabe herauskommt, hat auch die nachfolgenden Titel „Harry Potter und die Kammer des Schreckens", „Harry Potter und der Gefangene von Askaban", „Harry Potter und der Feuerkelch", „Harry Potter und der Orden des Phönix", „Harry Potter und der Halbblutprinz" sowie „Harry Potter und die Heiligtümer des Todes" auf den Markt gebracht.

Der Verlag wirbt mit einem treffenden Leserbrief von Daniel und Ruth: „Lieber Harry, deine Bücher sind so spannend, dass unsere Mutter mit dem Vorlesen nicht aufhören darf. Sie wird schon ganz heiser – was kann man dagegen tun?"

Wir können der Mutter nur raten, zwischendurch mal eine Halstablette zu nehmen, und den Kindern raten wir: „Fangt doch selber mal an zu lesen, dann könnt ihr euren Wissensdurst unabhängig von Mama selber stillen!"

Die Harry-Potter-Romane sind mega-in und reihen sich in die Liste der meistgelesenen Kinderbücher ein. Ein echter Hit und bereits jetzt ein Klassiker!

Joanne K. Rowling

Es war einmal eine junge Frau namens Joanne Rowling, 31, frisch geschieden, alleinerziehende Mutter eines drei Monate alten Mädchens, mittellos. Sie schob ihr Kind im Kinderwagen so lange im Regen durch Edinburgh, bis das Kind einschlief. Da wusste Joanne Rowling, dass sie nun anderthalb Stunden Zeit haben würde, stürzte ins nächste Café, bestellte einen Espresso und ein Glas Wasser und schrieb fieberhaft an ihrem Roman. Das Buch schickte sie an einen Agenten, der es sofort annahm und nach mehreren Anläufen einen Verlag fand, und dann verkaufte er das Buch in vielen, vielen Ländern. Nun konnte sich Joanne Rowling zum Espresso sogar ein Sandwich leisten.
Für „Harry Potter" erhielt Joanne Rowling die höchste Geldsumme, die je ein Kinderbuchautor bekommen hat. Mehrere bedeutende Filmgesellschaften bemühten sich um die Rechte an der Verfilmung. Innerhalb kürzester Zeit wurde „Harry Potter" zunächst in 15 Ländern verkauft, unter anderem in die USA, nach Holland, Dänemark, Lateinamerika und Japan. Alle bisher erschienenen Bände von „Harry Potter" stehen auf den vorderen Plätzen der internationalen Buch-Bestsellerlisten.

B	Name:	Datum:

1. Überfliege die beiden Texte. Um was für einen Text handelt es sich bei dem Haupttext und bei dem Text im Kasten? Kreuze die richtige Antwort an.

Der Haupttext ist

☐ ein Auszug aus einem Harry-Potter-Roman.
☐ ein Informationstext über den Erfolg der Harry-Potter-Bücher.
☐ eine vollständige Inhaltsangabe von einem Harry-Potter-Roman.
☐ eine Besprechung des Films „Harry Potter und der Stein der Weisen".

Der Text im Kasten ist

☐ eine Besprechung eines Harry-Potter-Romans.
☐ ein Interview mit der Autorin Joanne K. Rowling.
☐ eine Lebensbeschreibung der Autorin Joanne K. Rowling.
☐ ein Märchen aus einem Harry-Potter-Buch.

2. „Es war einmal…" – so beginnt der Text im Kasten. Warum erscheint dem Verfasser das Leben von Joanne K. Rowling wie ein Märchen?

____

____

____

____

3. Woran kann man sehen, dass Harry-Potter-Bücher sehr erfolgreich sind? Nenne mindestens drei Gründe. Lies dazu beide Texte.

a) ______________________________

____

b) ______________________________

____

c) ______________________________

____

4. Warum lesen auch Kinder die Harry-Potter-Bücher so gerne (Haupttext)?

____

____

B	Name:	Datum:

5. Was bedeuten die nachfolgenden Wörter? Hierzu musst du die entsprechenden Textstellen noch einmal genau nachlesen. Damit du die Wörter leichter findest, sind sie im Haupttext unterstrichen. Ein Beispiel ist vorgegeben.

Beispiel: *Romanheld*

Ein Romanheld ist die wichtigste Figur in einem Roman.

oder

Ein Romanheld steht im Mittelpunkt der Handlung, um ihn dreht sich alles.

Lesereise

Schullektüre

Traumkarriere

Leserbrief

B	Name:	Datum:

Angst vor Harry Potter?

7. November 2003. – Geisterstunde, aber kein Grund zum Fürchten. Als in jener Nacht beide Zeiger der Uhr auf die Zwölf zeigten, wurde überall in Deutschland gejubelt – endlich war „Harry Potter und der Orden des Phönix“ erschienen. Unglaublich: Manche Erwachsene halten die Geschichten über den Zauberlehrling für gefährlich.

Buchhandlungen verkauften weit nach Ladenschluss den begehrten Roman, veranstalteten Lesungen und Partys. Postboten klingelten zu ungewohnter Stunde – die Bücher von J. K. Rowling im Gepäck – und verkleidete Fans standen Schlange, um die herbeigesehnte, über 1000 Seiten lange Lektüre in die Finger zu bekommen. Allein am ersten Tag wurden zwei Millionen Exemplare ausgeliefert und aufgeschlagen.

Doch nicht alle freuen sich mit. Einige Eltern machen sich Sorgen, dass ihre Kinder süchtig werden nach den Harry-Potter-Romanen. Und andere Erwachsene meinen sogar, dass die Bücher jungen Lesern schaden und sie krank machen.
Ein Pädagogik-Professor der Universität in Hannover behauptet, er hätte sich bei den ekeligen Beschreibungen in den Romanen übergeben müssen. Schneckenwürgen ist ja wirklich nicht so schön. Professor Reinhard Franzke ist sogar überzeugt, nach dem Lesen der Geschichten würden sich Kinder fürchten, Albträume bekommen, nicht mehr so nett zu anderen Jugendlichen sein und schlechter in der Schule werden.

Heiß begehrt: der 5. Band von Harry Potter

Besonders traurig: Vor zwei Jahren haben Harry-Potter-Gegner in Pittsburgh (USA) sogar einen Haufen von J. K. Rowlings Romanen zusammen mit anderen, angeblich gefährlichen Büchern, CDs und Videos auf einem Scheiterhaufen verbrannt.

B	Name:	Datum:

Doch keine Angst, die meisten Erwachsenen denken nicht wie die Potter-Gegner. Und fast alle Wissenschaftler erklären, dass Harry Potter nicht besser oder schlimmer sei als Märchen wie „Aschenputtel“ oder auch Fantasy-Schmöker wie „Der Herr der Ringe“. Auch der Experte Massimo Introvigne, der sich in seiner Arbeit mit neuen Religionen beschäftigt, ist dieser Meinung. Er ist sich auch sicher, dass junge Leser sehr genau wissen, dass die Geschichten über Harry Potter nur erfunden sind und in der Fantasiewelt spielen.

Trotzdem kann der erdachte kleine Magier natürlich in der Wirklichkeit ein gutes Vorbild sein: Denn in den Büchern werde zwischen Gut und Böse unterschieden, sagt Introvigne. Trotzdem werde gezeigt, dass die guten Figuren ständig in Gefahr seien, doch dem Bösen zu erliegen – und dass sie fortwährend dagegen ankämpfen müssten. Das geht euch doch auch manchmal so, wenn euch jemand nervt und ihr ihn ärgern wollt. Obwohl ihr genau wisst, dass das nicht richtig ist.

Introvigne und viele andere finden es außerdem toll, dass viele von euch nun das Lesen wieder entdeckt haben und nicht mehr so viel fernsehen. Das weiß er sogar aus eigener Erfahrung. Auch seine eigene Tochter liest mittlerweile lieber Harry Potter, als vor der Glotze zu sitzen.

Euren Eltern empfiehlt der Wissenschaftler aber, dass sie mit euch über die Bücher sprechen, falls ihr etwas nicht versteht oder euch etwas besonders gruselt. Aber auch für euch gilt: Wenn ihr einmal Angst beim oder nach dem Lesen bekommt, geht zu euren Eltern und redet mit ihnen über die Geschichten.

Zum Abschluss noch ein guter Rat: Auch wenn's unglaublich spannend ist und das Buch scheinbar an euren Händen festklebt – macht zwischendurch mal kleine Pausen! Ein amerikanischer Arzt hat herausgefunden, dass Leseratten Kopfschmerzen bekommen können, wenn sie fasziniert, verkrampft und ununterbrochen lesen. Das ist allerdings nicht nur bei Harry Potter so, sondern bei jeder super aufregenden Lektüre.

B	Name:	Datum:

6. Lies den Text einmal ganz durch. Überlege dir, welche Überschrift zu welchem Abschnitt passt. Schreibe anschließend die richtige Überschrift in den Text über den betreffenden Abschnitt.

Lesen statt fernsehen

Harry Potter als Vorbild

Wenn es zu sehr gruselt

Großer Ansturm auf Harry Potter

Nicht so viel auf einmal

Verrückte Gegner

Harry Potter ist gefährlich

Harry Potter ist nur ein Märchen

B	Name:	Datum:

7. Sind Harry-Potter-Bücher gefährlich oder nützlich? Überfliege den Text noch einmal und suche in den entsprechenden Abschnitten nach den richtigen Antworten. Ergänze die Weil-Sätze mit Argumenten aus dem Text.

Manche sind davon überzeugt, dass Harry-Potter-Bücher gefährlich sind,

weil ____.

weil ____.

weil ____.

Andere dagegen meinen, dass Harry-Potter-Bücher nützlich sind,

weil ____.

weil ____.

8. Lies die beiden letzten Abschnitte noch einmal und formuliere die Tipps, die ihr bei der Lektüre von Harry-Potter-Büchern beachten solltet. Formuliere mit eigenen Worten.

1. Tipp: ____

____

____

____

____

2. Tipp: ____

____

____

____

____

B	Name:	Datum:

9. Wähle das richtige Verb aus dem grauen Kasten und ergänze die Lücken im Präsens.

Phänomen Harry Potter: Faszination und Rekorde des Zauberlehrlings sind nur schwer erklärbar

HAMBURG. Seit Erscheinen des ersten Buches 1998 bricht Harry Potter alle Verkaufsrekorde. „Harry Potter und der Orden des Phönix" schaffte sogar im englischen Original den Sprung in die deutschen Bestsellerlisten. Am 8. November kam das Buch in Deutschland auf den Markt – und der Bestsellerstatus ist ihm längst sicher: Allein die Zahl der Vorbestellungen ____________________ in die Hunderttausende. Anders als bei vielen schnelllebigen Trends ____________________ die Begeisterung für die Abenteuer von Harry und seinen Freunden im Internat Hogwarts auch nach Jahren nicht nach – bei Kindern und Jugendlichen wie bei Erwachsenen. Doch warum das so ist, ____________________ sich bis heute keiner so recht erklären. Wibke Fleischer vom Hamburger Trendbüro ____________________ den Grund in der „Sehnsucht nach einer Welt, in der es Lösungen für alles ____________________, und zwar auf eine magische Art und Weise. Die Gegenwart ____________________ keine einfachen Lösungen, wie sie Harry Potter ____________________." Die Bücher spiegelten „vieles aus der heutigen Zeit wider, beispielsweise den Kampf Gut gegen Böse", ____________________ Dieter Schormann, Vorsteher des Börsenvereins des Deutschen Buchhandels. Trendforscherin Fleischer ____________________ sich sicher, dass die Sehnsucht nach der Fantasiewelt weiter andauern wird. „Der Leser ____________________ mit den Helden älter. Das ist ein paralleles Wachstum", ____________________ sie. Harry ist inzwischen mitten in der Pubertät und zum ersten Mal verliebt – wie mit ihm unzählige Leserinnen und Leser.

zeigen	meinen	sagen	geben	sehen	können	werden
	~~brechen~~	gehen	sein	bieten	lassen	

B	Name:	Datum:

10. Lies die folgenden Sätze und verbinde sie mit den Wörtern aus dem Kasten unten.

Beispiel: Viele junge Leute tauschen sich im Internet über Harry Potter aus. Sie wollen erfahren, was die anderen darüber denken.

Viele junge Leute tauschen sich im Internet über Harry Potter aus, *um zu* erfahren, was die anderen darüber denken.

a) Die Autorin Joanne K. Rowling ist reicher als die Queen. Ihre Bücher wurden millionenfach verkauft.

____

____

b) Rowling hat bereits sieben Harry-Potter-Bücher geschrieben. Ein achtes soll es nicht geben.

____

____

c) Die Bücher sind sehr dick. Die Kinder lesen sie sehr gern.

____

____

d) Die Harry-Potter-Romane werden von Kindern mit Begeisterung gelesen. Erwachsene lesen Harry-Potter-Bücher mit Begeisterung.

____

____

e) Zunächst erschienen die Harry-Potter-Bücher. Die Harry-Potter-Filme kamen auf den Markt.

____

____

aber	sowohl … als auch	dann	trotzdem	~~um zu~~	weil

B	Name:	Datum:

11. Lies noch einmal die Biografie von Joanne K. Rowling auf Seite 33 (Text im Kasten). Erfinde eine ähnliche „märchenhafte" Karriere für dich, einen Freund/eine Freundin oder irgendeine erfundene Person. Du kannst dich von den Schlagzeilen unten anregen lassen oder eine ganz eigene Geschichte schreiben.

Zum Superstar gewählt

Der Überraschungs-Weltmeister

Auszeichnung für bestes Album des Jahrzehnts

Traumkarriere in Hollywood

Es war einmal ______________________________

B Name: Datum:

Kommentar

1. Thema und Textauswahl

Die Aufgaben dieser Differenzierungsstufe C haben ein gemeinsames Thema: die Vermarktung der Harry-Potter-Bücher. Es geht also nicht um die Auseinandersetzung mit einem (bestimmten) Harry-Potter-Buch, sondern um das Medienspektakel, das das Erscheinen der Bücher begleitet. Dazu gehört beispielsweise die Selbstinszenierung der Autorin in den Medien, wenn Joanne K. Rowlings Karriere von der Sozialhilfeempfängerin zur reichsten Schriftstellerin der Welt als Märchen stilisiert wird. Dazu gehört aber auch das sogenannte Merchandising: unzählige Produkte mit Namen, Bildern und Symbolen des Bestsellers werden auf den Markt geworfen. Eine große Koalition von Medienunternehmen und Firmen verdient damit an Potter-begeisterten Kindern bzw. deren Eltern. In den Texten und Aufgaben geht es vor allem darum, dass die Schüler die Inszenierungen und Vermarktungen des Medienereignisses „Harry Potter" anhand der Medientexte nachvollziehen und kritisch einzuschätzen lernen. Da die meisten Schüler die Harry-Potter-Bücher lesen oder zumindest kennen, steht das Thema im Interessenfeld der Schüler. Darüber hinaus können sie durch die Bearbeitung der Texte zu einer medienkritischen Haltung angeleitet werden.
Der einführende Text ist ein Zeitungsartikel, in dem die märchenhafte Karriere von Joanne K. Rowling beschrieben wird: „Joanne K. Rowling: Überleben in der Märchenwelt". Während dieser erste Text eher erzählend strukturiert und an der „märchenhaften" Biografie der Autorin orientiert ist, wirft der zweite Text, „Zauberhafte Geldvermehrung dank Harry Potter", ein kritisches Licht auf die Vermarktung der Harry-Potter-Bücher. In einem weiteren Zeitungstext wird ein Interview mit der Erfolgsautorin zusammengefasst.

2. Leistungsanforderungen und Aufgabenbereiche

Die Aufgaben 1–4 zum ersten Text der Differenzierungsstufe („Joanne K. Rowling: Überleben in der Märchenwelt") beziehen sich auf das Leseverstehen: Aufgabe 1 dient dem Einstieg und der ersten Orientierung. In den anschließenden Aufgaben 2 und 3 wird das Globalverstehen eines Textes geprüft (durch Überschriftenzuordnung, Bestimmung der zentralen Textaussage). Aufgabe 4 ist eine Aufgabe zum selektiven Lesen: Hier sollen die Schüler ein zentrales Motiv der Entstehung der Harry-Potter-Bücher aus dem Text herauslesen.
Bei Aufgabe 5 handelt es sich um eine textbezogene Grammatikaufgabe. Die Schüler überarbeiten einen Zeitungsartikel („Vom Bücherwurm zur Erfolgsautorin"), indem sie passende Adjektive mit den korrekten Deklinationsendungen einsetzen.
Die Aufgaben 6–13 beziehen sich auf den Text „Zauberhafte Geldvermehrung dank Harry Potter". Die Aufgaben 6 und 7 prüfen das Globalverstehen (Überschriften formulieren, Bestimmung der zentralen Textaussage). In den Aufgaben 8–11 geht es um das selektive Lesen. Hier müssen die Schüler zum einen Beispiele für das Textthema (Merchandising) sowie zum anderen Positionen der Handlungsträger (z. B. der Autorin, der Fans, der Firmen) aus dem Text herauslesen. In den Transferaufgaben 12 und 14 wird von den Schülern gefordert, ihren eigenen Standpunkt zur Vermarktung zu formulieren, wobei sie in Aufgabe 14 selbstständig einen Leserbrief für das Internet verfassen müssen. Aufgabe 13 ist auf die rezeptive Wortschatzarbeit bezogen. Die Schüler müssen zunächst die Bedeutung bestimmter Stellen aus dem Text heraus verstehen und sie dann in eigenen Worten paraphrasieren. Bei den zu bearbeitenden Textstellen handelt es sich um Schlüsselaussagen in Bezug auf die Vermarktungsstrategien.
Aufgabe 15 ist eine Aufgabe zur produktiven Grammatikarbeit. Die Schüler müssen vorgegebene Satzanfänge (zur Harry-Potter-Vermarktung) zu Ende schreiben. Hierzu werden ihnen entsprechende Verknüpfungswörter (Konjunktionen) und mögliche Satzkomplemente vorgegeben.
Aufgabe 16 ist eine Aufgabe zum freien Schreiben. Diese Schreibaufgabe behandelt das in den verschiedenen Texten angespro-

chene Thema „Leseförderung“. Die Schüler sollen in einem Brief an ihren Deutschlehrer/ihre Deutschlehrerin Vorschläge machen und ihn/sie von ihren Ideen zu überzeugen versuchen. Als Schreibimpuls können die vier Fotos zu verschiedenen Leseaktivitäten dienen.

3. Kompetenzbereiche und Kompetenzen

Im Einzelnen werden folgende Kompetenzbereiche angesprochen:

(a) Textverstehen

- *globales Lesen:*
  Überschriften zuordnen oder formulieren; Bestimmung zentraler Textaussagen (Aufgaben 1–3, 6, 7)
- *selektives Lesen:*
  Herauslesen wichtiger Textpassagen (Aufgaben 4, 8–11)
- *detailliertes Lesen:*
  Verstehen wichtiger Wörter und Formulierungen aus dem Text (Aufgabe 13)
- *bewertendes Lesen:*
  Stellungnahmen abgeben und dazu Gründe aus dem Text heranziehen und Stellungnahmen zum Text abgeben (in Form eines Leserbriefes) (Aufgaben 12, 14)

(b) Grammatikarbeit

- passende Adjektive korrekt in einen Text einsetzen (Adjektivdeklination)
- Sätze mit passenden Verknüpfungswörtern (Konjunktionen) miteinander verbinden (Aufgaben 5, 15)

(c) anlassbezogenes Schreiben

- Textsorte: Leserbrief im Internet sowie Brief (an den Deutschlehrer/an die Deutschlehrerin) (Aufgaben 14, 16)
- Anforderungen an den Brief:
  - Adressatenbezug (z. B. Anredeformen: *Sie, Herr ... bzw. Frau ...),*
  - formale Gliederung (Anredeformel, Anliegen, Schlussformel),
  - Vorschläge (zur Leseförderung) formulieren und begründen,
  - Zusammenhänge explizieren, Sätze und Abschnitte sinnvoll miteinander verknüpfen,
  - passende und treffende Wörter wählen,
  - Wörter und Sätze grammatisch und orthografisch korrekt schreiben (Rechtschreibung).

Joanne K. Rowling: Überleben in der Märchenwelt

Von der Sozialhilfeempfängerin zur reichsten Schriftstellerin der Welt

Ihr eigenes Leben ist fast so märchenhaft wie das ihres Helden Harry Potter. Die heute 37-jährige Joanne K. Rowling lebte 1997 nach einer gescheiterten Ehe im schottischen Edinburgh eher schlecht als recht – sechs Monate lang waren sie und ihre heute acht Jahre alte Tochter von der Sozialhilfe abhängig: eine alleinerziehende Mutter am Rande des Existenzminimums. Mit „Harry Potter und der Stein der Weisen" wurde Joanne K. Rowling zur reichsten Autorin der Welt.

A

Inzwischen ist Rowling reicher als die Queen. Dies berichtete die Zeitung „Sunday Times", die jedes Jahr eine Liste der wohlhabendsten Bürger Großbritanniens veröffentlicht, im Frühjahr 2003. Mit einem geschätzten Vermögen von 280 Millionen Pfund (405 Millionen Euro) ist die 37-Jährige zugleich die reichste weibliche Schriftstellerin der Welt. In der Liste der reichsten Briten liegt sie auf Rang 122, elf Plätze vor Königin Elisabeth, deren Vermögen die Zeitung mit 250 Millionen Pfund angibt.

B

Am Anfang ihrer Arbeit als Schriftstellerin steht ein harter Schicksalsschlag: Der Tod der Mutter, nur 20 Jahre älter als sie, hat sie geprägt – und Harry Potter. Als J. K. Rowling 15 war, wurde Multiple Sklerose bei der Mutter diagnostiziert, zehn Jahre später war sie tot. Es war das Jahr, in dem Rowling die ersten Skizzen zu ihrem Potter-Buch niederschrieb, als sie in einem Zug auf dem Wege zum Londoner Bahnhof King's Cross stecken blieb. „Ich starrte aus dem Fenster", erzählte sie in einem Interview, „und plötzlich erschien er vor meinem inneren Auge – ein Junge, der nicht weiß, wer er ist."

Der Tod der Mutter könnte der Grund dafür sein, dass Harry Potter ein Waisenkind ist und dass das Thema Tod und Verlust auch in den Büchern eine große Rolle spielt.

C	Name:	Datum:

C

Wenige Monate nach dem Tod ihrer Mutter geht sie, die eigentlich Fremdsprachensekretärin hatte werden sollen, 1990 nach Portugal. Dort lernt sie den Fernsehjournalisten Jorge Arantes kennen, heiratet, wird schwanger. 1993 kommt Tochter Jessica zur Welt, die Ehe scheitert und Rowling fährt 1994 mit dem Baby nach Edinburgh, wohnt dort zunächst bei ihrer Schwester und dann in einer Einzimmerwohnung ohne Heizung. „Ich habe mich erniedrigt und wertlos gefühlt“, sagt sie über die schweren Jahre, in denen sie sich mit Mühe über Wasser hält – sechs Monate lang ist sie sogar auf Sozialhilfe angewiesen. In einem Café schreibt sie am ersten Buch, weil es in ihrer Wohnung zu kalt ist, „aber auch, weil ich es mag, wenn mir jemand einen Kaffee macht“.

D

Die große Wende in ihrem Leben brachte ein Stipendium, mit dessen Hilfe sie „Harry Potter und der Stein der Weisen“ fertigstellte. 1997 wird das Buch zunächst von drei großen Verlagen abgelehnt, dann aber zahlt Bloomsbury 10 000 Pfund für das Manuskript. Das Buch wurde ein Bestseller. Allein in Deutschland wurden über 5,4 Mio. Exemplare verkauft. Dieser Erfolg wurde von den nachfolgenden Bänden noch übertroffen. Harry Potter wurde zum Weltbestseller.

1. Lies das fett Gedruckte im Text und ergänze das Autorenporträt.

Name der Autorin: ____________________

Erstes Buch: ____________________

Romanfigur: ____________________

Besondere Merkmale der Autorin: ____________________

____

____

C	Name:	Datum:

2. Ordne die Überschriften den Abschnitten zu. Trage dazu die Buchstaben A – B – C – D aus dem Text in die entsprechenden Kästchen ein.

☐ Leben am Existenzminimum

☐ Reichste Autorin der Welt

☐ Der große Umschwung

☐ Trauer und Verarbeitung

3. Was ist so märchenhaft an der Karriere von Joanne K. Rowling? Antworte in ganzen Sätzen.

____

____

____

____

____

____

____

____

4. Wie schlägt sich der Tod von Rowlings Mutter im Harry-Potter-Roman nieder? Schreibe ganze Sätze.

____

____

____

____

____

____

____

____

C	Name:	Datum:

5. Was denkt Joanne K. Rowling über das Bücherlesen?
Lies dazu den folgenden Zeitungsartikel und ergänze die Adjektive in der richtigen Form. Ein Beispiel ist vorgegeben.

Vom Bücherwurm zur Erfolgsautorin

Die **berühmte** Kinderbuchautorin Joanne K. Rowling war selbst einmal ein ________________ Bücherwurm. Sie sagt von sich selbst, sie sei kein ________________ Kind gewesen und habe ihre ________________ Freizeit mit Lesen verbracht. In einem Interview erklärte sie, was Lesen für sie bedeutet: Wer liest, taucht in eine ________________ Gedankenwelt ein und lernt andere zu verstehen. Was ist ein ________________ Kinderbuch für die Autorin? Es soll zeigen, dass Erwachsene auch ________________ Situationen bewältigen müssen und ebenso wenig vollkommen sind wie Kinder.

Die Autorin machte auch ________________ Vorschläge zur ________________ Leseförderung. Eine ________________ Rolle dabei spielen Eltern und Lehrer. Ihre Mutter hatte eine ________________ Büchersammlung. Wenn die Erwachsenen sich für Literatur begeistern und den Kindern ________________ Angebote machen, dann können sie die Lust zum Lesen wecken. Zum Schluss des Interviews zitierte sie ein ________________ Sprichwort: „Du kannst ein Pferd zur Tränke führen, aber du kannst es nicht zwingen zu saufen."

attraktiv	riesig	gut	englisch	fremd	ganz	schwierig
~~berühmt~~	zahlreich	interessant	begeistert	sinnvoll/wichtig		

C	Name:	Datum:

Zauberhafte Geldvermehrung dank Harry Potter

Merchandising-Produkte lassen weltweit die Kassen klingeln

Der Kinostart von „Harry Potter und der Stein der Weisen" setzte weltweit eine millionenschwere Merchandising-Maschinerie in Gang: Eine große Koalition von Medienunternehmen und Firmen, die an Potter-süchtigen Kindern (und deren Eltern) verdienen wollten, warf unzählige Produkte mit Namen, Bildern und Symbolen des Bestsellers auf den Markt.

A

Spiele, Bilder, Musik, Figuren, Süßigkeiten, Kleidungsstücke gibt es seitdem zu kaufen – beinahe alles, was man sich nur vorstellen kann. Einige der verzauberten Fans tun sich schwer damit, dass ihr Held auf allen möglichen Produkten erscheint und viele Leute damit Geld verdienen.

Der Brause-Produzent Coca-Cola hat 150 Millionen Dollar in die Werbung für Kinofilm und Video gepumpt und darf als Gegenleistung seine Produkte mit Bildern aus der Potter-Welt schmücken. Dagegen protestieren viele Harry-Potter-Fans. Joanne K. Rowling hat das jedoch erlaubt – unter der Bedingung, dass der Konzern auch 18 Millionen Dollar für eine Aktion spendet, mit der Kindern das Lesen schmackhaft gemacht werden soll.

B

Die Potter-Begeisterung, die sich bisher in rund 325 Millionen verkauften Büchern in 65 Sprachen niederschlug, erreichte mit der Verfilmung des ersten Bandes eine neue Dimension. Das Hollywoodstudio Warner Bros rechnete allein mit einer Milliarde Dollar Einnahmen – nur aus dem Verkauf von Nebenprodukten zum Film.

Nach Schätzung des amerikanischen Magazins „Forbes" landete die Hälfte dieser Einnahmen bei der britischen Autorin Joanne K. Rowling. Nach Angaben der Kinozeitschrift „Cinema" hatten sich die auf rund 150 Millionen Euro geschätzten Produktionskosten des ersten Films schon ausgezahlt, bevor auch nur eine einzige Kinokarte verkauft wurde.

C	Name:	Datum:

C

Und wer verdient noch an Harry Potter? Der Spielzeughersteller Mattel beliefert 160 Länder mit Plüsch-Eulen, Kartenspielen und Zauberfiguren. Auf den Zug aufgesprungen sind auch andere Konzerne wie etwa Lego, um die Konsumenten mit neuen Sortimenten zu beglücken.

Das vielfältige Harry-Potter-Angebot reicht von Baseballkappen und Boxershorts über Becher und Bleistifte bis hin zu Mousepads, Kalendern, Rucksäcken und Figuren aus Plüsch, PVC oder Kunstharz. Für sportliche Magier-Fans gibt es T-Shirts und Wimpel mit dem Aufdruck „Quidditch", dem Lieblingssport der Zauberer mit den fliegenden Besen.

„Die Nachfrage nach Merchandising-Artikeln des derzeit weltweit beliebtesten Jugendbuches hat unsere Erwartungen weit übertroffen", freuen sich die Spielzeughersteller. Sie rechnen für ein einziges Jahr allein durch den Verkauf der Harry-Potter-Produkte mit Gewinnen von über 15 Millionen Euro.

Auch die Hersteller von Schreib- und Schulartikeln bringen Harry-Potter-Produkte auf den Markt. Neben Gameboys, Sticker-Alben oder Drachen sind in den diversen Harry-Potter-Kollektionen auch praktische Gegenstände zu finden wie Hausschuhe, Bettwäsche, Regenschirme und Geldbörsen.

6. Finde jeweils eine passende Überschrift für die drei Abschnitte A, B und C.

A ______________________________

B ______________________________

C ______________________________

7. Was versteht man unter „Merchandising"? Erkläre den Begriff mit eigenen Worten.

____

____

____

____

____

____

____

C	Name:	Datum:

8. Nenne vier Beispiele für Merchandising-Produkte.

- ______
- ______
- ______
- ______

9. Welche „Gegenleistung" erhält Coca-Cola für das Geld, das es für die Werbung von Harry-Potter-Kinofilmen und -Videos ausgibt?

______

______

______

10. Was denken die im Text genannten Fans über die Vermarktung ihres Helden durch Coca-Cola?

______

______

______

11. Welche Position vertritt die Autorin Joanne K. Rowling? Kreuze die richtige Antwort an.

☐ Joanne K. Rowling ist gegen die Vermarktung, weil Coca-Cola ungesund ist.

☐ Joanne K. Rowling ist dafür, weil sie 18 Millionen Dollar daran verdient.

☐ Joanne K. Rowling ist dafür, wenn Coca-Cola Geld für eine Leseförderung zur Verfügung stellt.

☐ Joanne K. Rowling ist dagegen, weil es dabei nur um Werbung für Coca-Cola geht.

12. Glaubst du, dass es Coca-Cola wirklich darum geht, vor allem Werbung fürs Lesen zu machen? Begründe deine Antwort aus dem Text heraus.

______

______

______

C	Name:	Datum:

13. Erkläre die folgenden fett gedruckten Ausdrücke in den Sätzen a bis d. Hierzu musst du dir die entsprechenden Stellen in dem Text „Zauberhafte Geldvermehrung“ noch einmal genauer ansehen. Damit du sie schneller findest, sind sie unterstrichen. Ein Beispiel ist vorgegeben.

Beispiel: Der Brause-Produzent **hat** 150 Millionen Dollar **in die Werbung gepumpt.**

Der Brause-Produzent hat 150 Millionen Dollar für die Werbung ausgegeben.

a) Bei vielen Firmen **klingeln** dank Harry die **Kassen**.

b) Einige der **verzauberten Fans** tun sich schwer mit der völligen Vermarktung ihres Helden.

c) **Auf den Zug aufgesprungen** sind auch Konzerne wie Lego oder Mattel.

d) Die Nachfrage nach Merchandising-Artikeln des derzeit weltweit beliebtesten Jugendbuches **hat unsere Erwartungen weit übertroffen.**

C	Name:	Datum:

14. Im Internet geben viele Jugendliche ihre Meinung über die Vermarktung von Harry Potter ab. Einige sind dafür, andere sind dagegen. Was hältst du davon, dass große Firmen beliebte Leinwandhelden und Buchfiguren auf diese Art und Weise vermarkten? Begründe deine Meinung. Schreibe einen Leserbrief fürs Internet.

Meine Meinung

Antworten

C	Name:	Datum:

15. Schreibe die Sätze zu Ende. Benutze dazu die Wörter und Sätze aus den beiden Kästen. Achte auf sinnvolle Verbindungen und die richtige Wortstellung.

Harry-Potter-Internetseiten und -Kinofilme folgten. Die meisten Fans mögen lieber die Bücher. Alle ihre Bücher sind absolute Bestseller. Auch Erwachsene sind begeisterte Harry-Potter-Fans. Der erste Band erschien 1998. Die Bücher sind spannend. ~~Ein neuer Band von Harry Potter erscheint.~~ Die Kinder lesen die Bücher oft, ohne aufzuhören. Alle Bände sind erschienen.

denn	~~wenn~~	später	trotzdem	aber	als	sondern	weil	inzwischen

Beispiel: Die Buchläden veranstalten Nachtlesungen, *wenn ein neuer Band von Harry Potter erscheint.*

a) Die Kinder lesen Harry-Potter-Bücher mit Begeisterung, ______

b) Niemand hätte gedacht, dass die Bücher so beliebt werden würden, ______

c) Die Bücher sind sehr dick, ______

d) Joanne K. Rowling ist die reichste Frau Englands, ______

e) Zuerst erschienen die Harry-Potter-Bücher, ______

f) Nicht nur Kinder lesen Harry Potter, ______

g) Zwar sind die Harry-Potter-Filme sehr beliebt, ______

h) Sieben Harry-Potter-Bände waren geplant, ______

C	Name:	Datum:

16. **In eurer Schule laufen mehrere Projekte zur Leseförderung. Ihr sollt selbst Vorschläge machen, wie man die Lust am Lesen fördern kann. Schreibe einen Brief an deine Deutschlehrerin oder an deinen Deutschlehrer, welche Bücher ihr lesen und welche Aktivitäten ihr rund ums Buch planen wollt. Versuche, deine Lehrerin/deinen Lehrer von deinen Ideen zu überzeugen. Mache mindestens drei Vorschläge. Die Bilder können dir einige Anregungen liefern.**

gemütliche Leseecken

spannende Lesenächte

gut ausgestattete Bibliotheken

Sehr geehrte Frau ______________________,

Sehr geehrter Herr ______________________,

C	Name:	Datum:

Arbeit und Beruf

Differenzierungsstufe A: Heike Kammer: „Aber wann beginnt das Leben?“

Kommentar

1. Thema und Textauswahl

Die Aufgaben dieser Differenzierungsstufe A beziehen sich auf einen Auszug aus dem Jugendbuch „Aber wann beginnt das Leben?“ von Heike Kammer. Dieser Textauszug handelt von einem Mädchen aus Berlin, das eine Lehre auf dem Land machen will und eine Probezeit absolvieren muss. Obwohl sie während dieser Zeit mit vielen Schwierigkeiten und Problemen konfrontiert wird, bleibt sie bei ihrem Entschluss, Bäuerin zu werden. Die Thematik des Buches ist für die Schüler motivierend, da sie an die eigene Lebenssituation (Frage nach der Berufswahl) anknüpft. Die Entscheidung des Mädchens mag für die Schüler ungewöhnlich sein, aber gerade dadurch dürfte der Text das Interesse der Jugendlichen wecken.

Der ausgewählte Textauszug ist leicht zu verstehen. Er enthält zwar einige schwierige Wörter aus dem Bereich der Landwirtschaft (z.B. Beregnungsanlage, Wintergerste oder Heuballen), aber ihre Bedeutung wird durch die Kontexte bestimmt. Die Verständlichkeit des Textes beruht (a) auf seinem Bezug zu konkreten Vorgängen, (b) auf der klaren chronologischen Struktur, (c) auf der Eindimensionalität der Erzählperspektive und (d) auf der einfachen Sprache (Satzbau).

2. Leistungsanforderungen und Aufgabenbereiche

Der gesamte Test bezieht sich auf den vorliegenden Textauszug, sodass die Schüler sich lediglich in einen Text einarbeiten müssen.

Die Abfolge der Aufgaben orientiert sich an der Textstruktur. Zur Vorentlastung sollen die Schüler anhand von Bildern Arbeiten auf dem Land in einer Mindmap sammeln (Aufgabe 1). Anschließend sollen sie ihre Einstellung zu dem Thema kommentieren und begründen (Aufgabe 2).

Dann folgen die eigentliche Lektüre des Textauszugs sowie die Bearbeitung der Aufgaben. Diese Aufgaben erfordern von den Schülern unterschiedliche Lesekompetenzen und -strategien. Die Schüler sollen den Text vor allem global und selektiv lesen und dazu entsprechende W-Fragen beantworten (Aufgabe 3–10). Lediglich in Aufgabe 11 geht es um eine Textdeutung, die ein Zwischen-den-Zeilen-Lesen erforderlich macht. In Aufgabe 12 sollen die Schüler ihre Deutung kommentieren und ihre Ansicht begründen.

Die Aufgaben zum Wortschatz und zur Grammatik sind ebenfalls auf den Text bezogen. Die Aufgaben zum Wortschatz evaluieren das detaillierte Leseverstehen. In Aufgabe 13 sollen die Schüler vorgegebene Formulierungen aus dem Text mit eigenen Worten paraphrasieren. Die Grammatikaufgabe ist pragmatisch angelegt und beruht auf einem Perspektivenwechsel, der mit einer grammatischen Transformation verbunden ist (Aufgabe 14). Die Schüler müssen dabei verschiedene Transformationen durchführen: Verben von der 1. Person in die 3. Person Singular setzen sowie Personal- und Possessivpronomen entsprechend umformulieren.

Den Abschluss bildet eine auf den Textauszug bezogene eigenständige Schreibaufgabe. Die Schüler sollen einen Ratgeberbrief an den Bauern schreiben, mit drei Vorschlägen, wie er das Mädchen besser behandeln könnte. Diese Schreibaufgabe ist als Schreibprozess modelliert. Zunächst sollen die Schüler die Vorschläge an den Bauern sammeln (Aufgabe 15). Die Schüler werden bewusst dazu angeregt, ihren Brief gezielt vorzubereiten. Dazu gehört aber nicht nur das Sammeln der Vorschläge, sondern auch das Formulieren eines ersten Entwurfs (Seite 13). Das Schreiben des Entwurfs ist freiwillig. Den Schülern ist freigestellt, ihren Aufsatz auch ohne Entwurf abzufassen und niederzuschreiben (Aufgabe 16). Sie sollten sich aber auf jeden Fall an die Schreibtipps halten, da diese auch als Kriterien bei der Bewertung herangezogen werden können.

3. Kompetenzbereiche und Kompetenzen

Im Einzelnen werden folgende Kompetenzbereiche angesprochen:

(a) Textverstehen
- *antizipierendes Lesen:*
  - Hypothesen zum Textthema bilden (Aufgaben 1, 2)
- *globales Lesen:*
  - Ausgangssituation der Geschichte rekonstruieren (Aufgaben 3, 4)
- *selektives Lesen:*
  - Situation der Hauptfigur erkennen (Aufgaben 5, 6)
  - Reaktionen der Handlungsbeteiligten deuten (Aufgaben 7–10)
- *detailliertes Lesen:*
  - Verstehen wichtiger Wörter und Formulierungen aus dem Text (Aufgabe 13)
- *Zwischen-den-Zeilen-Lesen:*
  - Gefühle und Einstellungen der Personen herauslesen (Aufgabe 11)
- *bewertendes Lesen:*
  - eigene Stellungnahmen und Begründungen abgeben (Aufgabe 12)

(b) Grammatikarbeit (Aufgabe 14)
- Konjugation
- Personalpronomen
- Possessivpronomen

(c) Wortschatzarbeit
- Verstehen wichtiger Wörter und Formulierungen aus dem Text (Aufgabe 13)

(d) anlassbezogenes Schreiben
- Textsorte: „Ratgeberbrief“ (Aufgaben 15–16)
- Anforderungen:
  - Aufbau und Struktur eines Briefes (Einleitung: thematische Orientierung, Formulierung des Anliegens; Hauptteil mit Auflistung von Vorschlägen und Ratschlägen mit entsprechenden Begründungen; Schluss: Schlussformel),
  - Sprache (treffende Wortwahl, Sätze grammatisch und orthografisch korrekt schreiben).

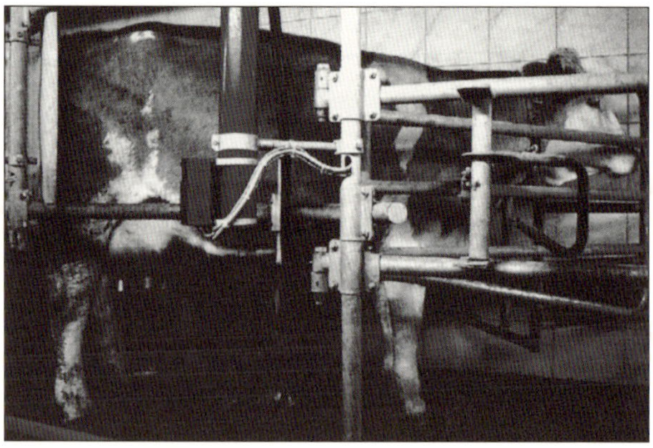

A	Name:	Datum:

1. Schau dir die Bilder an. Was kann man auf dem Land alles arbeiten? Du kannst auch Tätigkeiten nennen, die nicht auf den Bildern abgebildet sind.

Traktor fahren

Arbeit auf dem Land

2. Du liest gleich einen Text über *Lehrjahre auf dem Land.* Würdest du gerne eine Lehre in der Landwirtschaft machen? Begründe deine Antwort.

A	Name:	Datum:

Lehrjahre auf dem Land

Endlich ist die Schulzeit vorbei. Endlich kann ich hier weg, kann arbeiten. Es war nicht leicht, eine Lehrstelle zu finden, besonders mit meinen ausgefallenen Berufsvorstellungen. Ich komme aus Berlin und möchte aufs Land. Ich will Bäuerin werden. Ein Bauer in Norddeutschland will es mal mit mir versuchen. Aber auch er glaubt nicht, dass ich dafür geeignet bin. Ein Mädchen aus der Stadt… Darum nimmt er mich erst mal vier Wochen auf Probe.

Das Land ist schön. Jahrelang habe ich nur in Städten gelebt und von dieser Welt geträumt. Wiesen, Wald, Kühe usw.

Ich kann es kaum glauben, aber das ist jetzt meine Heimat. Ich bin glücklich. Alles wird schön und besser als früher.

Mit Chef Alfons Grün und seiner Frau Brigitte fahre ich auf die Felder. Sie zeigen mir die Felder und die Tiere und ich merke, dass ich wirklich überhaupt keine Ahnung habe. Ich muss noch sehr viel lernen.

Mein erster Arbeitstag: Heu packen, Beregnungsanlage auf- und umbauen, Ställe ausmisten … Nach wenigen Tagen bin ich kaputt. Nicht körperlich, die Arbeit macht mir nichts aus. Aber ich mache viel falsch, verstehe die Leute oft nicht und werde jeden Tag von Alfons angeschrien. Dabei gebe ich mir so viel Mühe. Ich versuche immer, alles so gut wie möglich zu machen. Aber es ist nie gut genug, nie schnell genug. Wo hätte ich es denn lernen sollen? Ich bin eben noch nie Trecker gefahren, habe noch nie Kühe gemolken. Außerdem habe ich Schwierigkeiten, die Sprache zu verstehen. Die Bauern sprechen Dialekt. Oft weiß ich gar nicht, was sie überhaupt von mir wollen.

Das fängt schon morgens bei der Stallarbeit an. Jeder hat seine feste Aufgabe, nur ich nicht. Ich soll mal hier helfen, mal dort. Mal will keiner was von mir, mal soll ich alles gleichzeitig tun. Viel lieber würde ich eine feste Aufgabe übernehmen, das Melken oder Füttern.

Jeden Tag geht etwas schief. Alles nur Kleinigkeiten. Den ganzen Tag kein freundliches Wort. Nur immer das Geschrei und Geschimpfe. Ich glaube schon beinahe, ich bin ein Versager, ein Vollidiot. Dabei bin ich doch nur ein Lehrling. Warum verlangen sie, dass ich alles schon kann? Woher sollte ich denn alles wissen, wo sollte ich es gelernt haben?

Ich arbeite gern. Ich kann Heuballen, Säcke und Rohre schleppen. Ich will arbeiten. Aber ich halte den Stress nicht aus. Ich kann nicht Sklave sein. Langsam wird mir bewusst, was ich alles aufgegeben habe. Nicht nur die Schule, Verkehrs- und Betonlandschaften, nicht nur den Ärger in der Familie. Mir fehlen die Menschen, die schwach sind, schwach sein dürfen.

Es beginnt die Getreideernte, Wintergerste, dann Kartoffelernte. Die Kartoffeln müssen wir in Tüten verpacken. Das ist reine Fabrikarbeit, aber sie macht mir am meisten Spaß. Denn hier gibt es nicht so viel zu kapieren, nicht so viele Fehler zu machen. Fabrikarbeit als Erholung vom täglichen Stress – so ein Widerspruch!

Endlich sind die vier Wochen Probearbeit vorbei. Alfons meint, ich solle lieber einen anderen Beruf lernen. Ein Mädchen aus der Stadt tauge eben nicht für die Bauernarbeit. Ich glaube, er will mich loswerden, denn es haben sich schon Bauernjungs gemeldet, die auch gerne die Lehrstelle hätten. Die würden wahrscheinlich mehr Leistung bringen, fürs selbe Geld. Trotzdem werde ich nicht aufgeben. Ich gebe nicht auf, bevor ich angefangen habe. Dann müsste er mich schon entlassen. Also freundlich lächeln, fröhlich sein, gut gelaunt und innerlich hart bleiben.

A	Name:	Datum:

[*Nach ein paar Wochen hat sich schon vieles verändert…*]

Langsam glaube ich nicht mehr, auf einem besonders schlechten Hof gelandet zu sein. Andere Leute müssen sieben Tage in der Woche arbeiten, auch nach der Berufsschule. Da habe ich noch recht viel Freizeit. Was mich fertigmacht, ist der Leistungsdruck, die Erniedrigung – aber das liegt auch irgendwie an mir. Ich stelle mich vielleicht zu blöd an. Außerdem sollte ich nicht so empfindlich sein. Mit der Zeit lerne ich auch, meinen Chef zu verstehen. Ich glaube nicht mehr, dass er ein schlechter Mensch ist. Er muss einen Lehrling so sehen wie eine Kuh oder eine Maschine. Das alles liegt irgendwie an diesem ganzen System. Wenn ich alles nicht mehr so persönlich nehme, macht es mich auch nicht mehr so kaputt.
Aber dann macht es mich doch wieder völlig fertig, wenn Alfons rumschreit, und ich sage mir: Wenn's morgen nicht besser wird, kriegt er meine Meinung zu hören, und wenn ich selber heule und schreie. Nur kann ich dann meine Sachen packen, dann bin ich blamiert. Die Arbeit geht weiter, wie gehabt. Es geht mal auf und mal ab mit meiner Stimmung.

aus: Heike Kammer: Aber wann beginnt das Leben?
Lehrjahre auf dem Land. Frankfurt: Verlag Jugend und Politik, 1983

A	Name:	Datum:

3. Welchen Berufswunsch hat das Mädchen?

4. Warum wählt es diesen Beruf?

5. Warum ist die Lehre auf dem Bauernhof so hart für das Mädchen? Nenne drei Gründe.

-
-
-

6. Welche Arbeit gefällt ihr am besten? Warum?

7. Warum glaubt der Bauer, dass das Mädchen für diesen Beruf nicht geeignet ist?

8. Was rät der Bauer dem Mädchen nach der Probezeit?

A	Name:	Datum:

9. Wie reagiert das Mädchen auf den Rat des Bauern?

10. Lies noch einmal Zeilen 46–58. Warum ist das Mädchen nach einiger Zeit zufriedener? Nenne zwei Gründe.

-
-

11. Zeilen 51–52: Das Mädchen denkt: *Er [= der Chef] muss einen Lehrling so sehen wie eine Kuh oder eine Maschine.* **Erkläre den Satz.**

12. Bist du mit dieser Meinung einverstanden? Begründe deine Ansicht.

A	Name:	Datum:

13. Was bedeuten die fett gedruckten Wörter und Wendungen aus dem Text? Hierzu kannst du dir die entsprechenden Stellen in dem Text *Lehrjahre auf dem Land* noch einmal genauer ansehen. Ein Beispiel ist vorgegeben.

Beispiel:

Zeile 58: *Es geht mal* ***auf und*** *mal* ***ab*** *mit meiner Stimmung* bedeutet:

Mal ist meine Stimmung **gut**, mal ist meine Stimmung **schlecht**.

a) Zeile 2: *Das Mädchen hat* ***ausgefallene*** *Berufsvorstellungen* bedeutet:

Das Mädchen hat ______________________ *Berufsvorstellungen.*

b) Zeilen 5–6: *Darum nimmt er mich erst mal vier Wochen* ***auf Probe*** bedeutet:

Darum ______________________

____

c) Zeile 17: *Dabei* ***gebe ich mir so viel Mühe*** bedeutet:

Dabei ______________________

d) Zeile 25: *Jeden Tag* ***geht etwas schief*** bedeutet:

Jeden Tag ______________________

e) Zeilen 29–30: *Aber* ***ich halte den Stress nicht aus*** bedeutet:

Aber ______________________

f) Zeilen 35–36: *Denn hier* ***gibt es nicht so viel zu kapieren*** bedeutet:

Denn hier ______________________

g) Zeile 39: *Ein Mädchen aus der Stadt* ***tauge eben nicht für die Bauernarbeit*** bedeutet:

Ein Mädchen aus der Stadt ______________________

____

h) Zeile 40: *… er* ***will mich loswerden*** bedeutet:

… er ______________________

i) Zeile 42: *Trotzdem* ***werde ich nicht aufgeben*** bedeutet:

Trotzdem ______________________

j) Zeile 49: *Ich* ***stelle mich vielleicht zu blöd an*** bedeutet:

Ich ______________________

A	Name:	Datum:

Lies den folgenden Textauszug noch einmal.

Mein erster Arbeitstag: Heu packen, Beregnungsanlage auf- und umbauen, Ställe ausmisten … Nach wenigen Tagen **bin ich** kaputt. Nicht körperlich, die Arbeit macht mir nichts aus. Aber ich mache viel falsch, verstehe die Leute oft nicht und werde jeden Tag von Alfons angeschrien. Dabei gebe ich mir so viel Mühe. Ich versuche immer, alles so gut wie möglich zu machen. Aber es ist nie gut genug, nie schnell genug. Wo hätte ich es denn lernen sollen? Ich bin eben noch nie Trecker gefahren, habe noch nie Kühe gemolken. Außerdem habe ich Schwierigkeiten, die Sprache zu verstehen. Die Bauern sprechen Dialekt. Oft weiß ich gar nicht, was sie überhaupt von mir wollen.
Das fängt schon morgens bei der Stallarbeit an. Jeder hat seine feste Aufgabe, nur ich nicht. Ich soll mal hier helfen, mal dort. Mal will keiner was von mir, mal soll ich alles gleichzeitig tun. Viel lieber würde ich eine feste Aufgabe übernehmen, das Melken oder Füttern.

14. Nachdem die Mutter ihre Tochter auf dem Land besucht hat, erzählt sie dem Vater vom ersten Arbeitstag ihrer Tochter. Formuliere den Text passend um. Ein Beispiel ist vorgegeben.

Ihr erster Arbeitstag: Heu packen, Beregnungsanlage auf- und umbauen, Ställe ausmisten … Nach wenigen Tagen **ist sie** kaputt.

A	Name:	Datum:

15. Das Mädchen hat es schwer und der Bauer glaubt nicht, dass es wirklich für die Landwirtschaft geeignet ist. Deshalb behandelt er es nicht so gut. Überlege, was der Bauer besser machen könnte, um dem Mädchen zu helfen. Mache mindestens drei Vorschläge.

Was der Bauer besser machen könnte

- Der Bauer spricht einen schwer zu verstehenden Dialekt. Er könnte „normales" Deutsch mit dem Mädchen sprechen, damit es ihn versteht.
- ______________________________
- ______________________________
- ______________________________

A	Name:	Datum:

16. Schreibe nun einen Brief an den Bauern Alfons Grün, in dem du ihn darum bittest, dem Mädchen eine Chance zu geben und es fair zu behandeln.

Wenn du möchtest, kannst du eine Vorbereitung deines Briefs anfertigen. Dann fällt dir das Schreiben nachher leichter.

Vorbereitung

Beachte beim Schreiben des Briefes folgende Tipps:

- Du sollst einen kurzen Einleitungssatz formulieren, in dem du auf das Thema zu sprechen kommst.
- Mache dem Bauern Vorschläge, wie er das Mädchen besser behandeln kann. Benutze dazu deine Notizen aus Aufgabe 15. Mache mindestens drei Vorschläge. Vergiss dabei nicht, deine Vorschläge zu begründen.
- Finde einen passenden Schlusssatz. Vergiss nicht den Abschiedsgruß und deine Unterschrift.
- Lies deinen Brief noch einmal durch. Achte auf die Wortwahl. Hast du einzelne Wörter nicht zu oft wiederholt? Sind die Wörter passend? Kontrolliere nun Rechtschreibung und Grammatik. Stimmt die Groß- und Kleinschreibung? Sind die Sätze korrekt formuliert?

Sehr geehrter Herr Grün,

A	Name:	Datum:

Kommentar

1. Thema und Textauswahl

Die Aufgaben dieser Differenzierungsstufe B beziehen sich auf das Jugendbuch „Blaufrau“ von Ann Ladiges. In diesem Buch geht es um die 15-jährige Petra, die auf der Suche nach dem richtigen Beruf ist. Nach einer Phase der Orientierungslosigkeit und falscher Entscheidungen wird Petra selbst initiativ und entscheidet sich für einen „Männerberuf“: Sie wird zur „Blaufrau“ und wählt den Beruf des Maschinenschlossers. Die Thematik dieses Buches ist für die Schüler motivierend, da sie an die eigene Lebenssituation (Berufswahl) anknüpft. Dementsprechend wurde auch der Ausschnitt aus dem Buch gewählt, der diesem Kapitel zugrunde liegt: der Besuch auf dem Arbeitsamt. Hier wird ein ratloses, junges Mädchen gezeigt, das hilflos und überfordert auf die Impulse und Vorschläge der Berufsberaterin reagiert. Die Begleitung durch die Mutter erweist sich dabei keineswegs als Hilfe. Die Mutter fördert Petras Entscheidung in die falsche Richtung. Obwohl die Berufsberaterin Petra einen Beruf im gewerblich-technischen Bereich vorschlägt, gibt die verunsicherte Petra an, lieber ins Büro zu wollen und orientiert sich dabei an ihrer Freundin Conny.
Die Schwierigkeiten des Textes liegen in zwei Bereichen: (a) Die Schüler müssen sich in die Situation Petras hineinversetzen und ihren „inneren Zustand“ verstehen: ihre Ängste, ihre Unsicherheit, ihre Unentschlossenheit usw. (b) Der Text enthält keine Markierungen der wörtlichen Rede, sodass die Leser selbst herausfinden müssen, wer gerade spricht und wo ein Sprecherwechsel stattfindet.

2. Leistungsanforderungen und Aufgabenbereiche

Im ersten Teil geht es um die Auseinandersetzung mit dem Auszug aus dem Buch „Blaufrau“.
Die Abfolge der Aufgaben entspricht dem Leseprozess. Zunächst einmal werden die Schüler mit dem Buchtitel und der Rückseite des Buches konfrontiert. Sie sollen sich orientieren und Autorin und Titel herausschreiben. Anhand des Titelbildes und des Rückendeckels sollen sie dann antizipierend lesen und Hypothesen darüber bilden, worum es im Buch gehen könnte (Aufgabe 1). Anschließend folgt die eigentliche Lektüre des Buchauszugs sowie die Bearbeitung der Aufgaben. Die Aufgaben zum Leseverstehen erfordern von den Schülern unterschiedliche Lesekompetenzen und -strategien: Zunächst sollen die Schüler den Textauszug global verstehen, die Ausgangssituation rekonstruieren (Aufgabe 2, 3) und die Situation der Hauptfigur kennenlernen (Aufgabe 4, 5). Zudem müssen sie zentrale Textstellen identifizieren, die das Gespräch über Petras Berufswahl betreffen (Aufgabe 8, 9, 10). Weiterhin müssen die Schüler die Perspektive der Figuren einnehmen (Aufgabe 12) und sich in den „inneren Zustand“ der Figuren hineinversetzen, indem sie nonverbales Verhalten deuten (Aufgabe 6, 7). Schließlich sind die Schüler auch gefordert, eigene Begründungen und Stellungnahmen zu Petras Verhalten abzugeben (Aufgabe 11, 13).
Die Aufgaben zum Wortschatz und sprachlichen Ausdruck sind ebenfalls auf den Text bezogen und evaluieren das detaillierte Lesen. In Aufgabe 14 sollen die Schüler zentrale Begriffe und Formulierungen aus dem Text erklären. Damit ist die Arbeit mit dem Jugendbuch abgeschlossen.
Im zweiten Teil wird das Thema Arbeit auf den Aspekt Mädchen in Männerberufen ausgerichtet. Als Einstieg dient ein Text aus dem Internet, in dem es um ein Mädchen geht, das in den Ferien in Männerberufen gearbeitet hat (Aufgabe 15). Die Schüler sollen den Text überarbeiten und fehlende Satzglieder grammatisch korrekt einsetzen. In Aufgabe 16 sollen die Schüler einen eigenen Kurzkommentar über Frauen, die in Männerberufen arbeiten, abgeben. Diese Aufgabe dient als Vorentlastung und Einstieg in die Textproduktion.
Die Schreibaufgabe knüpft wieder an den Textauszug aus „Blaufrau“ an. Zunächst werden die Schüler über Petras weiteren Werdegang informiert: Petra will Maschinenschlosserin werden. In der Schreibaufgabe sollen die Schüler einen argumentativen Brief abfassen, in dem sie Petra zu dem

Beruf raten bzw. davon abraten (Aufgabe 18). Diese Schreibaufgabe ist nach dem Schreibprozess modelliert. Zunächst sollen die Schüler Pro- und Kontra-Argumente in einer Tabelle sammeln und gegenüberstellen (Aufgabe 17). Dabei können sie auch die im Textauszug genannten Argumente nutzen und durch eigene ergänzen. Die Schüler werden bewusst dazu angeregt, ihren Brief gezielt vorzubereiten. Dazu gehört aber nicht nur das Sammeln der Argumente, sondern auch das Formulieren eines ersten Entwurfs (Seite 12). Das Schreiben des Entwurfs ist aber freiwillig. Den Schülern ist freigestellt, ihren Aufsatz auch ohne Entwurf abzufassen und niederzuschreiben. Sie sollten sich aber auf jeden Fall an die Schreibtipps halten, da diese auch als Kriterien bei der Bewertung herangezogen werden können.

3. Kompetenzbereiche und Kompetenzen

Im Einzelnen werden folgende Kompetenzbereiche angesprochen:

(a) Textverstehen

- *orientierendes und antizipierendes Lesen:*
  - Autor und Titel eines Buches bestimmen
  - Hypothesen zu Textinhalt und -ablauf bilden (Aufgabe 1)
- *globales Lesen:*
  - Ausgangssituation der Geschichte rekonstruieren (Aufgabe 2, 3)
  - Situation der Hauptfigur erkennen (Aufgabe 4, 5)
- *selektives Lesen:*
  - Kerninformationen herauslesen und einordnen (Aufgabe 3, 8, 9, 10)
- *Zwischen-den-Zeilen-Lesen:*
  - Gefühle und Einstellungen der Personen herauslesen (Aufgabe 6, 7, 12)
- *bewertendes Lesen:*
  - eigene Stellungnahmen und Begründungen abgeben (Aufgabe 11, 13)
- *detailliertes Lesen:*
  - Verstehen wichtiger Wörter und Formulierungen aus dem Text (Aufgabe 14)

(b) Grammatikarbeit

- Deklination (Aufgabe 15)

(c) Wortschatzarbeit

- Verstehen wichtiger Wörter und Formulierungen aus dem Text (Aufgabe 14)

(d) argumentatives Schreiben

- Textsorte: „argumentativer Brief“ (Aufgabe 17–18)
- Anforderungen:
  - Aufbau und Struktur (Einleitung: thematische Orientierung, Formulierung des Anliegens; Hauptteil mit einer überzeugenden Argumentation: Anführen von Beispielen mit plausiblen Begründungen; Schluss: persönlicher und zusammenfassender Ratschlag, Schlussformel),
  - Sprache (treffende Wortwahl, Sätze grammatisch und orthografisch korrekt schreiben).

Ladiges, Ann

Blaufrau

Mit einem Anhang: Frauen in sogenannten Männerberufen berichten

Den Zündkabeldefekt an ihrem alten Mofa hat die fünfzehnjährige Petra sofort entdeckt, mit Motoren weiß sie ganz schön Bescheid. Nur welchen Beruf sie erlernen soll, das weiß sie nicht. Darüber hat sie sich bisher keine Gedanken gemacht. Und als ihre Freundin Conny findet: „Büro, das ist es!“, will auch Petra ins Büro. Sie beginnt eine Ausbildung als Bürokauffrau. Die Eltern sind froh über diese Entscheidung, aber Petra findet die Arbeit im Büro von Tag zu Tag stumpfsinniger. Sie treibt sich lieber heimlich in Werkhallen herum, sie mag den Geruch von Schmieröl und Eisen, die großen Maschinen faszinieren sie. Maschinenschlosserin, das wäre was für sie! Aber die Lehre abbrechen? Was werden die Eltern sagen? Und überhaupt: Ist Maschinenschlosser nicht ein Beruf für Männer? Für Frauen viel zu schwer?

1. Sieh dir die Titel- und die Rückseite des Buches an. Bearbeite die Aufgaben in den Kästen.

Wie heißt die Autorin?

Wie lautet der Titel des Buches?

Wo könnte das Titelbild aufgenommen worden sein?

Was macht die Frau auf dem Titelbild gerade?

Lies den Text der Rückseite des Buches. Vermute, worum es im Buch gehen könnte.

B Name:	Datum:

Blaufrau

(...) Die Berufsberaterin wartete, ob Petra etwas sagen wollte. Petra sah vor sich auf den Tisch.

In welche Richtung gehen denn Ihre Berufsvorstellungen?

An der Tischkante war das Resopal abgesprungen. Ich hab wieder diesen Frosch im Hals. Petra zog die Schultern hoch. Ja, ich weiß nicht, sagte sie heiser. Sie dachte an die Wochen im Berufspraktikum zurück. Ein Reinfall war das gewesen. Vor den Osterferien hatte die Sozialkundelehrerin in der 8b herumgefragt, in welchen Betrieben sich die Schüler und Schülerinnen denn gern mal umsehen wollten. Petra wusste damals nicht genau, wozu sie Lust hatte. Nur eines war klar: Ihre Freundin Conny wollte das Berufspraktikum mit Petra zusammen machen. Petra war das sehr recht. Conny ist meine beste Freundin, dachte sie. Conny fand, Versicherung, das wäre es, und Petra entschied sich ebenfalls für Versicherung. Aber dann war hier nur ein einziger Ausbildungsplatz zu bekommen, und schließlich hatte Conny die Idee gehabt. Eine Stelle im Lebensmitteleinzelhandel blieb übrig. Frau Marein, ihre Klassenlehrerin, meinte, so etwas wäre doch für Petra gar nicht schlecht. Naja, also Lebensmittelgeschäft! Leere Flaschen annehmen. Wurst und Schinken aus Plastikfolien herausschneiden. Milch, Joghurt, Quark kommen in das Kühlregal. Französische Camemberts liegen links, Sahnebecher stehen immer rechts.

Petra war froh gewesen, als sie die drei Wochen endlich hinter sich gebracht hatte.

Die Berufsberaterin klopfte mit dem Kugelschreiber auf den Tisch: Sie müssen sich schon irgendwie äußern, Petra. Haben Sie bestimmte Berufswünsche?

Es gibt so viele Berufe, dachte Petra. Was soll ich mir wünschen?

In der Schule hatten sie das Heft *Mach's richtig* bekommen. Und Petra wollte es richtig machen. Natürlich. Sie hatte sich die Übungsbeispiele angesehen, Kreuzchen in die Antwortkästchen gemacht.

Kann man das, was man als Friseur/Friseurin lernt, auch in anderen Berufen verwenden?

Nur diese Frage fiel Petra im Augenblick ein. Nichts anderes. Wie verhext.

Darf ich mal fragen, was Ihr Vater beruflich macht? Der ist bei der Post.

Und wie sieht sein Arbeitsgebiet aus?

Mein Vater ist in der Verwaltung.

Was Papp Tag für Tag in dieser Verwaltung machte, das wusste Petra nicht genau. Der Vater wollte das Wort Post nach Feierabend nicht mehr hören.

Petra fühlte, wie die Berufsberaterin sie beobachtete.

In Ihrer Freizeit, Petra, was machen Sie da?

Am liebsten fahre ich Mofa, dachte Petra. Ja, Mofafahren. Ich hab das irgendwie gern, wenn mir der Wind ins Gesicht schlägt. Heute ist so schönes Wetter. Ich hätte Lust, in den Odenwald raufzufahren. Die Straße nach Ober-Hambach. Schöner geht's noch runter. Die Kurven. Ohne mein Mofa könnte ich gar nicht mehr sein. Von wegen Schrottmofa. Das alte Ding fährt astrein. Wenn ich richtig aufdrehe, auf der B3, schaffe ich glatt Fünfundfünfzig. Petra sah zur Mutter hin. Mami hat immer Angst, wenn ich mit meinem Mofa losmache. Ja, also, in meiner Freizeit, sagte Petra gedehnt. Ich bastele gern. Haben Sie schon mal an einen praktischen Beruf gedacht? Mädchen können heute ja auch Bautischler werden oder Elektriker oder Konditor.

Petra musste lachen. Sie sah sich mit einer hohen, weißen Mütze vor einer bunten Zuckertorte. Peinlich, dass ihr das Lachen so herausgeplatzt war.

Die Berufsberaterin stand auf, öffnete eines der Fenster. Der Straßenlärm wurde lauter.

B	Name:	Datum:

Tischler, dachte Petra. Warum nicht. Bautischler. Mädchen auf dem Bau? Hab ich noch nie gesehen. Conny geht ins Büro. Conny hat schon eine Lehrstelle. Bei der *Hemag*. Ihr Vater ist Meister bei der *Hemag*.

Die Berufsberaterin setzte sich wieder, sie sah auf ihre Armbanduhr. Wäre das nichts für Sie?, fragte sie noch einmal. Ein Beruf im gewerblich-technischen Bereich?

Ich möchte lieber ins Büro, sagte Petra unsicher.

Mein Mann und ich würden es sehr begrüßen, wenn Petra eine Büroausbildung machen könnte, sagte die Mutter mit Nachdruck. Sie selber arbeitete vormittags in der Filiale einer Großreinigung. Einen Beruf hatte sie nicht gelernt. Sie war Verkäuferin bei *Hertie* gewesen, bis Papp sie dann geheiratet hat.

Die Berufsberaterin sah plötzlich müde aus. Einen Augenblick sagte sie gar nichts. Dann breitete sie sich über Möglichkeiten und Aussichten des Bürokaufmanns aus, gab Petra eine Kopie vom *Berufsbild Bürokaufmann*. Petra solle sich alles in Ruhe durch den Kopf gehen lassen, hieß es noch, und in sechs Wochen zu einem zweiten Gespräch kommen. Die Mutter bedankte sich, und die Berufsberaterin versuchte, Petra aufmunternd zuzulächeln.

Vor der Tür wartete die nächste Schülerin.

Die war allein gekommen.

Im Treppenhaus rannte die Mutter los. Petra kam gar nicht so schnell mit.

Hättest du dich nicht einmal zusammennehmen können? Immer deine Muffigkeit!

Ich war doch nicht muffig.

Hockst da und kriegst den Mund nicht auf!

Was sollte ich denn sagen?

Fragen! Wozu sind wir denn sonst hingegangen?

Ich wusste nicht, was ich fragen sollte.

Die Mutter blieb stehen: Ist dir eigentlich klar, um was es geht?

Um meine Zukunft, dachte Petra. Ja, klar, sagte sie.

Eine Frau drehte sich um, sah zu ihnen hin. Petra wollte weitergehen, aber die Mutter konnte nicht aufhören.

Es kommt auf den persönlichen Eindruck an, den man beim Arbeitsamt macht! Ich begreife dich nicht. Wir zerbrechen uns den Kopf, was aus dir werden soll, aber dich scheint das alles nichts anzugehen.

Doch, sagte Petra. Natürlich.

Am Ende des Flurs entdeckten sie den Pfeil *Ausgang*. Sie waren genau in die falsche Richtung gegangen.

aus: Ann Ladiges: „Blaufrau“ © 1981 by Rowohlt Taschenbuch Verlag, Reinbek bei Hamburg

B	Name:	Datum:

2. a) Wo befinden sich Petra und ihre Mutter?

____

b) Warum sind sie dorthin gegangen?

____

3. Unterstreiche zunächst von Zeile 20–49 alle Fragen, die die Berufsberaterin an Petra stellt. Notiere dann, was sie von ihr wissen will.

Beispiel: *Die Berufsberaterin will wissen, ob Petra bestimmte Berufswünsche hat.*

- ____
- ____
- ____

4. a) Was hat Petra in ihrem Berufspraktikum gemacht?

____

____

b) Warum hat Petra gerade dieses Praktikum gemacht?

____

____

c) Warum wollte Petra zunächst ein Praktikum bei einer Versicherung machen?

____

____

d) Wie beurteilt Petra die Arbeit im Berufspraktikum? Begründe deine Ansicht.

____

____

____

____

____

B	Name:	Datum:

5. Weiß Petra, was sie werden will? Entscheide dich:

☐ Ja, weil ______________________________

____

oder

☐ Nein, weil ______________________________

____

6. Wie fühlt Petra sich bei der Berufsberatung: Was verraten die folgenden Sätze über ihre Gefühle?

Zeile 4: *Ich hab wieder diesen Frosch im Hals.*
Zeile 5: *Petra zog die Schultern hoch.*

____

____

____

____

7. Was geht wohl in der Berufsberaterin vor? Was verraten die folgenden Sätze?

Zeile 19: *Die Berufsberaterin klopfte mit dem Kugelschreiber auf den Tisch.*
Zeile 48: *Die Berufsberaterin … sah auf ihre Armbanduhr.*

____

____

____

____

8. Welche Berufe schlägt die Berufsberaterin Petra vor? Warum gerade diese? Bevor du antwortest, lies noch einmal die Zeilen 40–49.

____

____

____

____

B	Name:	Datum:

9. Für welchen Beruf entscheidet sich Petra am Ende des Gesprächs?

10. Wer beeinflusst Petra in ihrer Entscheidung?

11. Welchen Beruf würdest du Petra empfehlen? Warum?

12. Wie beurteilt die Mutter Petras Verhalten im Beratungsgespräch?

13. Wie beurteilst du Petras Verhalten in diesem Gespräch? Begründe deine Meinung.

B	Name:	Datum:

14. Was bedeuten die fett gedruckten Wörter und Wendungen aus dem Text? Hierzu kannst du dir die entsprechenden Stellen in dem Textauszug aus *Blaufrau* noch einmal genauer ansehen.

a) Zeile 1: *Eine* ***Berufsberaterin*** *ist* ______

______

b) Zeile 18: *… als sie die drei Wochen endlich* ***hinter sich gebracht hatte …*** bedeutet:

…als die drei Wochen endlich ______

c) Zeile 40: *Ein* ***praktischer Beruf*** *ist* ______

______

d) Zeile 51: *Mein Mann und ich* ***würden es sehr begrüßen*** *…* bedeutet:

Mein Mann und ich ______

e) Zeile 52: *… sagte die Mutter* ***mit Nachdruck …*** bedeutet:

…sagte die Mutter ______

f) Zeilen 57–58: *Petra solle* ***sich alles in Ruhe durch den Kopf gehen lassen …*** bedeutet:

Petra solle ______

g) Zeile 63: *Hättest du* ***dich nicht einmal zusammennehmen können?*** bedeutet:

Hättest du ______

h) Zeile 63: ***Immer deine Muffigkeit!*** bedeutet:

______

i) Zeile 74: ***Wir zerbrechen uns den Kopf*** *…* bedeutet:

______

j) Zeilen 74–75: *… aber* ***dich scheint das alles nichts anzugehen …*** bedeutet:

…aber ______

B	Name:	Datum:

15. Ergänze die Wörter aus den Klammern. Achte auf die richtigen Endungen. Bestimme den Kasus.

Ferienjobs – Schüler erzählen von ihren Erfahrungen

Lara, 19 Jahre: Jobs meist über Bekannte bekommen

Mit 15 hatte ich meinen ersten Ferienjob. Ich habe seitdem einiges gemacht: am Bau Lüftungskanäle montiert, elektrische Leitungen verlegt, in einer Tankstelle *(eine Tankstelle)* an der Kasse gesessen. An ________________ *(der Job)* gekommen bin ich meist über Bekannte. Dem Vater eines Freundes gehört der Elektrikerbetrieb. Der Vater von ________________ *(ein anderer Freund)* ist Bauleiter. Nur den Job an ________________ *(die Tankstelle)* hatte ich aus ________________ *(die Zeitung)*. Es lohnt sich, dort einen Blick hineinzutun. Aber man muss schnell anrufen, um die Jobs auch zu bekommen. Warum ich jobbe? Hauptsächlich wegen ________________ *(das Geld)*. Von ________________ *(mein Geld)* habe ich mir ein Motorrad und später auch ein Auto gekauft und den Führerschein finanziert. Ich gebe auch sehr viel Geld für ________________ *(das Essen)* aus oder wenn ich abends weggehe.

Jobben hat neben ________________ *(das Geld)* auch andere Vorteile: Man bekommt zumindest schon mal einen Einblick in ________________ *(die Arbeitswelt)*. Die Einstellung verändert sich. Ich freue mich heute auf ________________ *(die Arbeit)*. Es ist befriedigend zu sehen, dass man etwas geschafft hat. Auch eigenes Geld verdient zu haben, ist ein tolles Gefühl. In ________________ *(die Schule)* bringt man Leistung für später. Bei ________________ *(die Arbeit)* profitiert man dagegen direkt von ________________ *(seine Leistung)*. Ich glaube, es ist nicht so schwer, einen Job zu kriegen, wenn man sich darum bemüht.

Natürlich kann man auch schon mal an ________________ *(ein mieser Ferienjob)* geraten, zum Beispiel wenn die Arbeit langweilig ist oder wenn man immer das Gleiche machen muss. Einmal hatte ich mit ________________ *(ein Chef)* zu tun, der die Schüler nur ausgenutzt hat und sie bei ________________ *(jede Gelegenheit)* ausgeschimpft hat. Der ist mit uns Schülern umgesprungen wie mit ________________ *(kleine Kinder)*. Und beim Lohn wollte er uns auch übers Ohr hauen. Aber das ist echt die Ausnahme; über ________________ *(ein Ferienjob)* kann man sich eigentlich nur freuen. Ich rate euch: Fangt früh genug an, nach ________________ *(ein Ferienjob)* zu suchen. Ich wünsche euch viel Erfolg bei ________________ *(die Suche)*.

16. Lara hat in typischen Männerberufen gearbeitet. Wie findest du das? Begründe deine Meinung.

____

____

____

B	Name:	Datum:

Und so geht es mit Petra weiter

Durch einen Bekannten ihres Vaters bekommt Petra einen Ausbildungsplatz als Büroangestellte bei der Firma HEMAG, aber die Arbeit macht ihr keinen Spaß. Ganz allein sucht sie einen anderen Ausbildungsplatz in derselben Firma. Ihre Eltern sind dagegen, weil es ein typischer „Männerberuf" ist: Petra will Maschinenschlosserin werden.

17. Überlege dir, wozu du Petra raten würdest. Soll Petra an ihrem Berufswunsch festhalten? Notiere die Gründe dafür und dagegen stichwortartig in der folgenden Tabelle.

Dafür (+)	Dagegen (-)

B	Name:	Datum:

18. Schreibe nun einen Brief an Petra. Ermutige sie, an ihrem Berufswunsch festzuhalten oder rate ihr zu einem anderen Beruf, wenn du denkst, dass sie für den Beruf des Maschinenschlossers nicht geeignet ist. Benutze deine Notizen aus der Tabelle.

Wenn du möchtest, kannst du eine Vorbereitung deines Briefs anfertigen. Dann fällt dir das Schreiben nachher bestimmt leichter.

Vorbereitung

Beachte beim Schreiben des Briefes folgende Tipps:

- Du sollst einen kurzen Einleitungssatz formulieren, in dem du auf das Thema zu sprechen kommst.
- Bringe die Vor- und Nachteile, die du in deiner Stichwortliste gesammelt hast, zur Sprache. Es ist nie sehr überzeugend, wenn man einseitig nur das erwähnt, was gerade am besten zur eigenen Meinung passt.
- Stelle nicht einfach Behauptungen auf. Versuche Beispiele zu finden und begründe, warum etwas von Vorteil oder von Nachteil ist.
- Der Schluss des Briefs soll deinen persönlichen Ratschlag enthalten. Vergiss nicht den Abschiedsgruß und deine Unterschrift.
- Lies deinen Brief noch einmal durch. Achte auf die Wortwahl. Hast du einzelne Wörter nicht zu oft wiederholt? Sind die Wörter passend? Kontrolliere nun Rechtschreibung und Grammatik. Stimmt die Groß- und Kleinschreibung? Sind die Sätze korrekt formuliert?

B	Name:	Datum:

Liebe Petra,

B	Name:	Datum:

Kommentar

1. Thema und Textauswahl

Die Aufgaben dieser Differenzierungsstufe C beziehen sich auf die Kurzgeschichte von Gina Ruck-Pauquèt „Arbeitslos“. Es handelt sich um eine typische Kurzgeschichte, die sich inhaltlich auf ein Alltagsthema bezieht. Durch einen scheinbar alltäglichen Vorfall treten existenziell wichtige Themen zutage: In der Geschichte ist der Vater arbeitslos und gerät immer mehr in eine soziale Isolation. Er verhält sich vollkommen passiv und zieht sich sogar von seiner Familie zurück. Die Situation steigert sich, bis der Vater schließlich verschwindet und die Familie ratlos zurücklässt. Am Ende der Geschichte kehrt der Vater zwar zurück, aber die Gründe für sein Verschwinden und die Motive für seine Rückkehr bleiben letztlich offen – wie dies in Kurzgeschichten üblich ist. Die Geschichte wird aus der Perspektive des Sohnes erzählt, der versucht, das Rätsel um seinen Vater zu lösen und die Leser in diese Suche mit einbezieht. Thema der Kurzgeschichte ist somit eigentlich die Beziehung zwischen Vater und Sohn, bzw. der Versuch des Sohnes, seinen Vater zu verstehen.
Die Geschichte enthält typische Merkmale der Gattung Kurzgeschichte: einen unmittelbaren Einstieg, eine implizite Sprache, die den Leser zum Zwischen-den-Zeilen-Lesen anregt und einen offenen Schluss. Sprache und Struktur des Textes mögen auf den ersten Blick einfach erscheinen, aber gerade dieses Implizite, das in der Gattung Kurzgeschichte begründet liegt, ergibt eine anspruchsvolle Lektüre und Textdeutung.

2. Leistungsanforderungen und Aufgabenbereiche

Im ersten Teil geht es um die Deutung der Kurzgeschichte „Arbeitslos“.
Die Abfolge der Aufgaben entspricht dem Leseprozess von Kurzgeschichten: Zunächst einmal werden die Schüler mit dem unmittelbaren Einstieg in die Geschichte konfrontiert und zur Hypothesenbildung angeregt (Seite 84). Anschließend folgen die eigentliche Lektüre des Textes sowie die Bearbeitung der Aufgaben. Die sich daran anschließenden Aufgaben zum Leseverstehen erfordern vom Schüler unterschiedliche Lesekompetenzen und -strategien: Zunächst sollen die Schüler den Text global verstehen, die Ausgangssituation der Geschichte rekonstruieren und die Hauptfigur charakterisieren (Aufgaben 2–6). Anschließend geht es um die Deutung zentraler Textpassagen (Aufgaben 7–14). Hierzu müssen die Schüler auch zwischen den Zeilen lesen und aus den Verhaltensweisen des Vaters Schlussfolgerungen ziehen (Aufgaben 9, 11). Dabei müssen sie zum einen im Text angelegte Hypothesen ausfindig machen (Aufgabe 12), zum anderen aber auch eigene Stellungnahmen und Begründungen abgeben (Aufgaben 10, 13, 14). Der offene Schluss der Geschichte wird vor allem durch Aufgabe 13 aufgegriffen, wenn die Schüler darüber reflektieren, was die Ereignisse für den Vater und den Sohn bedeuten könnten.
Die Aufgaben zum Wortschatz und sprachlichen Ausdruck sind ebenfalls auf den Text bezogen und evaluieren das detaillierte Lesen: In Aufgabe 15 sollen die Schüler zentrale Textstellen mit eigenen Worten paraphrasieren. In Aufgabe 16 geht es um anspruchsvolle Textdeutungen. Diese Aufgaben zielen auf eine Gesamtinterpretation des Textes und sind nur im Kontext der Geschichte zu lösen. Damit ist die Arbeit an der Kurzgeschichte abgeschlossen.
Im zweiten Teil wird das Thema Arbeit unter einer anderen Perspektive aufgegriffen. Die Schüler sollen sich anhand von Bildimpulsen zunächst einmal Gedanken machen, in welchen Berufen sie gerne arbeiten würden (Aufgabe 17). Diese Aufgabe ist ein Einstieg in das Thema Schülerarbeit, das im Text (Seite 95) behandelt wird. Zunächst sollen die Schüler den Text aus einem Jugendmagazin global lesen und die zentrale Information herausarbeiten (Aufgabe 18). Dieser Text ist die Grundlage für die Grammatikarbeit (Aufgabe 19). Die Schüler sollen den Text überarbeiten. Die Grammatikarbeit (Bildung von Relativsätzen) ist stilistisch motiviert, denn es geht darum, unschöne Wiederholungen im Text zu vermeiden.

Der Text über die Schülerarbeit (Seite 95) ist auch Ausgangspunkt der abschließenden Schreibaufgabe. Der Text enthält eine Reihe von Argumenten für und gegen die Schülerarbeit, die von den Schülern identifiziert und markiert werden sollen (Aufgabe 20). In der Schreibaufgabe sollen die Schüler eigenständig einen argumentativen Text abfassen. Diese Schreibaufgabe ist nach dem Schreibprozess modelliert. Zunächst sollen die Schüler Pro- und Kontra-Argumente in einer Tabelle sammeln und gegenüberstellen. Dabei können sie die im Text markierten Argumente nutzen und durch eigene ergänzen (Aufgabe 21). Die Schüler werden bewusst dazu angeregt, ihren Aufsatz gezielt vorzubereiten. Dazu gehört aber nicht nur das Sammeln der Argumente, sondern auch das Formulieren eines ersten Entwurfs (Seite 98). Das Schreiben dieses Entwurfs ist freiwillig. Den Schülern ist freigestellt, ihren Aufsatz ohne Entwurf abzufassen und niederzuschreiben. Sie sollten sich allerdings an die Schreibtipps halten, da diese auch als Kriterien bei der Bewertung herangezogen werden können (Aufgabe 22).

3. Kompetenzbereiche und Kompetenzen

Im Einzelnen werden folgende Kompetenzbereiche angesprochen:

(a) Textverstehen
- *antizipierendes Lesen:*
  - Hypothesen zu Textinhalt und -ablauf bilden (Aufgabe 1)
- *globales Lesen:*
  - Ausgangssituation der Geschichte rekonstruieren und Hauptperson charakterisieren (Aufgaben 2–6)
  - Kernthema des Textes erfassen (Aufgabe 18)
- *Zwischen-den-Zeilen-lesen:*
  - Belege suchen (Aufgabe 7)
  - Deutung zentraler Textpassagen (Aufgaben 7–14)
  - Deutung zentraler Formulierungen/Sätze (Aufgabe 16)
- *bewertendes Lesen:*
  - eigene Stellungnahmen und Begründungen abgeben (Aufgaben 10, 13, 14)
- *detailliertes Lesen:*
  - Verstehen wichtiger Wörter und Formulierungen aus dem Text (Aufgabe 15)

(b) Grammatikarbeit
- Relativsätze bilden (Aufgabe 19)

(c) Wortschatzarbeit
- Verstehen wichtiger Wörter und Formulierungen aus dem Text (Aufgabe 15)
- Deutung wichtiger Wörter und Formulierungen in Bezug auf den Gesamttext (Aufgabe 16)

(d) argumentatives Schreiben
- Textsorte: „argumentativer Aufsatz“ (Aufgaben 20–22)
- Anforderungen:
  - Aufbau und Struktur (Einleitung, in der das Thema vorgestellt wird; Hauptteil mit einer plausiblen Gegenüberstellung und Abwägung von Vor- und Nachteilen; Schluss mit persönlicher Stellungnahme),
  - verständliche und nachvollziehbare Argumentation, Zusammenhänge deutlich machen (Argumente nennen, aufeinander beziehen und abwägen; Anführen von Beispielen und Nennung von Begründungen; Schlussfolgerungen ziehen),
  - Sprache (treffende Wortwahl; Sätze und Abschnitte sinnvoll miteinander verknüpfen; orthografisch korrekt schreiben).

Lies den Anfang der Geschichte von Gina Ruck-Pauquèt.

Arbeitslos

Gina Ruck-Pauquèt

Er ist mein Vater, und ich mag ihn. Aber in der letzten Zeit ist es mit ihm schwierig geworden: Mein Vater ist arbeitslos …

1. Überlege, was in der Geschichte stehen könnte. Formuliere entsprechende Fragen und trage sie in das Schema ein. Ein Beispiel ist vorgegeben.

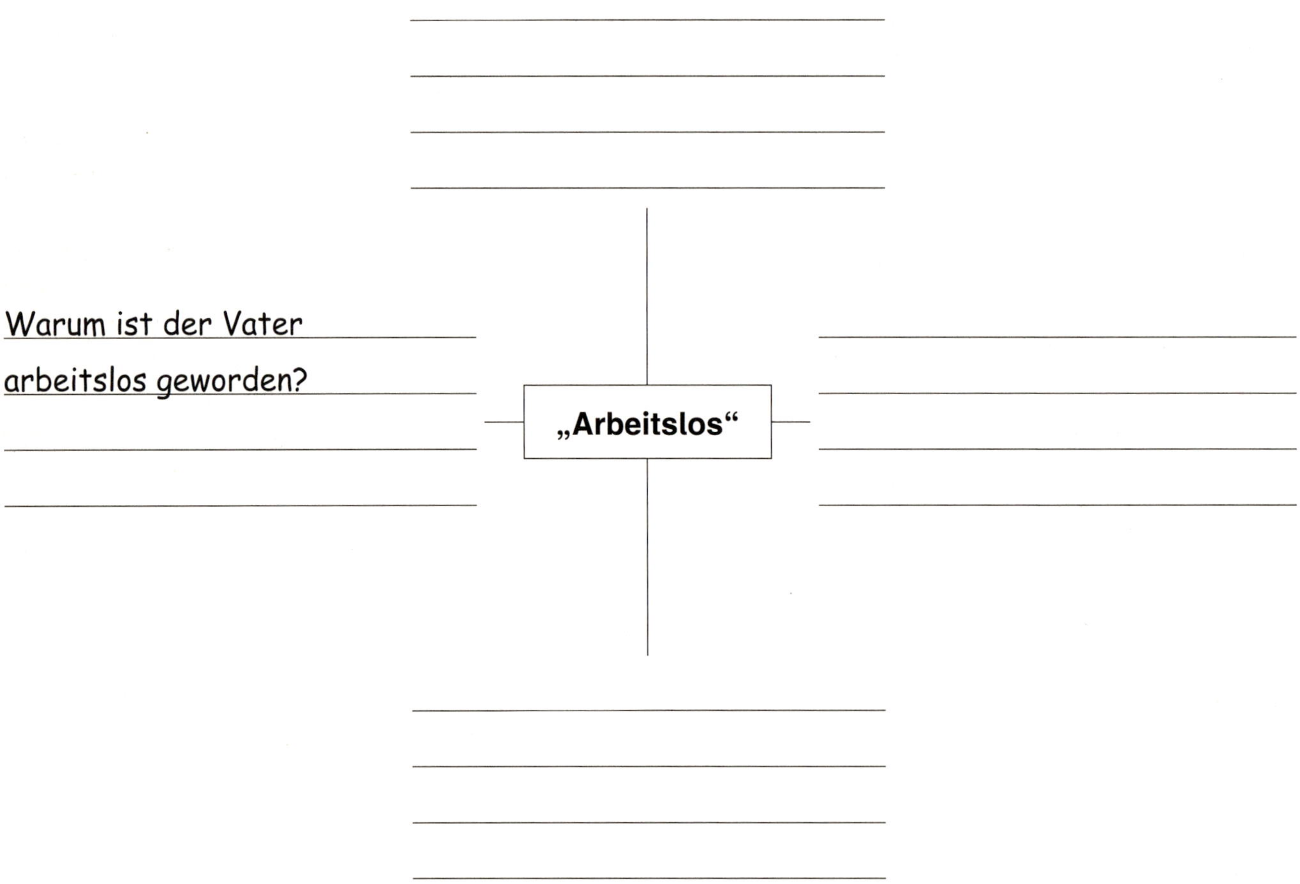

C	Name:	Datum:

Lies nun die Geschichte „Arbeitslos“ weiter.

Zuerst war er verzweifelt und traurig. Und dann kam er nicht nach Hause, an diesem Freitagabend. „Wenn ich nicht immer in die verdammte Fabrik müsste!“, hat er früher gesagt. Er ist im Morgengrauen aufgestanden und hat sich schimpfend rasiert. Er hat sich die Lippen am Tee verbrannt, bei der ersten Zigarette hat er gehustet und am Abend hat er gesagt, dass der Mensch ein Sklave ist. „Dein Vater ist müde“, hieß es, wenn er mithelfen sollte, einen Drachen zu bauen. Oder wenn Maria ihm etwas vorlesen wollte. Seitdem Maria größer ist, arbeitet meine Mutter auch wieder. Sie geht in die Schokoladenfabrik. Geldsorgen haben wir nicht. Auch jetzt nicht, wo mein Vater arbeitslos ist.

Meine Mutter verdient und mein Vater kriegt Arbeitslosenunterstützung, nicht mal wenig ist das. Er muss sie natürlich abholen. Das zwingt ihn, aus der Wohnung zu gehen. Er horcht an der Tür, ob auch niemand im Flur ist, dann huscht er los. Ja, er huscht. Mein Vater huscht durchs Haus wie einer, der etwas Böses getan hat. Weil sie ihn so anschauen, sagt er. Weil sie fragen: „Wie geht es denn?“

Es ist ein Makel, arbeitslos zu sein. Ich kapiere das nicht so recht. Aber für meinen Vater ist es ein Makel.

„Geh doch mal spazieren“, hat meine Mutter gesagt. „Geh in den Park.“ Es war so ein Herbsttag, an dem einem das Laub unter den Füßen raschelt. Als ich noch klein war, ist er mit mir durch die Blätter gerannt, das weiß ich noch. Jetzt ist er böse geworden. „Da kann ich mich ja gleich auf eine Parkbank setzen“, hat er gesagt, „zu den Rentnern!“

An den ersten Tagen hat er noch eingekauft. Dann fing das an, dass er nur noch in der Wohnung hockte und nicht mehr raus wollte. „Kannst du meine Hausaufgaben nachsehen?“, hat ihn Maria gefragt. Und er hat draufgestarrt, aber nichts gesehen, das hat man gemerkt. Kreuzworträtsel hat er gelöst: stundenlang.

Einmal hab ich ihn gefragt: „Warum haben sie dich entlassen? Warum gerade dich?“ „Sie haben noch mehr entlassen als mich“, hat er gesagt und ist sich mit der Hand übers Kinn gefahren. Es hat sich kratzig angehört, weil er sich damals schon nicht mehr jeden Tag rasiert hat. „Vielleicht weil ich öfter krank war“, hat er weiter überlegt, „wegen dem Rheuma.“

Das Rheuma hat er gekriegt, weil es in der Fabrikhalle zugig gewesen ist. Jetzt ja nicht mehr. Da haben sich die Jungen beschwert und die Wände sind abgedichtet worden. Aber mein Vater hat sein Rheuma. Und die Entlassung hat er auch.

Ja, in der ersten Zeit hat er noch für uns gekocht, zum Beispiel Erbsensuppe und Spiegeleier. Dann haben sie gestritten, meine Mutter und er. Sie streiten wegen jedem Dreck neuerdings. Und dann hat er nicht mehr gekocht. Die Zeitung hat er gelesen, vor- und rückwärts. Wenn das Programm anfing, hat er den Fernseher angestellt.

Ich baue mir ein Moped zusammen. Noch darf ich ja nicht fahren. Aber wenn ich alt genug bin, ist der Feuerstuhl fertig. „Komm, ich zeig es dir“, hab ich zu meinem Vater gesagt. Es steht nämlich im Keller. Hat er so rumgebrummt: „Jetzt nicht, morgen“. Und dabei ist es dann geblieben. Ich glaube, er mag nicht mal in den Keller gehen. Da könnte ihn jemand sehen, einer von denen, die Arbeit haben.

Der Heino Lapps ist ein Freund meines Vaters. Er wurde auch entlassen. „Weißt du, was der macht?“, hab ich meinen Vater gefragt. „Du musst dir das ansehen!“ Der Lapps baut nämlich einen Schrank, einen ganz tollen. Dabei pfeift er vor sich hin.

„Schick deinen Vater doch mal rüber“, hat er gesagt. Aber mein Vater will nicht. Na schön, Heino Lapps ist Möbelschreiner, der kann das eben. Mein Vater ist Fabrikarbeiter, der

C	Name:	Datum:

immer den gleichen Handgriff machen musste, irgendetwas mit Schrauben. Was soll er nun damit anfangen?

Wie oft hat er früher gesagt, dass es eine ... arbeit ist. Aber wenn es so eine Arbeit war, warum trauert er ihr nach? Manchmal denke ich, er hat sich hinter seiner Arbeit versteckt. Eines Abends hat meine Mutter von einer Kollegin, der dicken Trude, erzählt. Die isst jeden Monat einmal so viel Schokolade, dass sie krank wird. Mutter hat es komisch erzählt, und wir haben furchtbar gelacht. Da ist mein Vater rausgegangen. Er hat das Lachen nicht leiden können. Er ist dann überhaupt immer trauriger geworden. Ist dagesessen und hat nichts getan. Die Kreuzworträtsel hat er nur noch halb gelöst, ich hab's gesehen.

Das ist mein Vater, hab ich mir gedacht und war enttäuscht. Aber ich hab mir auch gedacht, dass da etwas nicht stimmt: Es kann doch nicht sein, dass sich ein Mensch in kurzer Zeit so verändert. Ist die Traurigkeit immer schon in ihm gewesen? Hat er sie nur mit der Arbeit zugedeckt? Ich hab auf einmal gewusst, dass ich nicht so abhängig werden will wie er: Ich will versuchen, aus eigener Kraft heraus zu leben. Das klingt überheblich, aber in Wirklichkeit hat mir mein Vater so verdammt leid getan, dass ich irgendetwas hätte zerschlagen mögen. Es muss schlimm in ihm ausgesehen haben in den letzten Tagen, bevor es passierte. Keiner konnte an ihn ran. Dann kam der Freitagabend und er war weg. Einfach weg.

Wir haben um den Tisch gesessen und gewartet. Dann haben wir die Oma angerufen und den Heino Lapps. Aber da war er auch nicht. So saßen wir da, die Mutter rauchte eine Zigarette nach der anderen und Maria sah furchtbar klein aus, weil sie so müde war.

Vielleicht betrank er sich. Aber das hatte er nie gemacht. Er konnte sich was angetan haben. Er konnte überfahren worden sein.

„Vielleicht ist er weggegangen von uns", sagte die Mutter. Sie saß da und weinte nicht. „Wieso?", fragte Maria.

„Weil er allein leben will", sagte Mutter. „Damit er sich nicht vor uns zu schämen braucht", sagte Maria. „Nicht wahr?" „Unsinn!", sagte ich. „Was gibt es denn da zu schämen? Niemand braucht sich zu schämen, weil er arbeitslos ist." Maria schaute mich an. „Aber er schämt sich doch", sagte sie.

Er kam nicht in dieser Nacht. Wir riefen die Polizei an, aber die Polizei konnte uns auch nicht helfen. Es war kalt draußen. Meine Mutter saß die ganze Nacht am Fenster. Ich wachte immer wieder auf. Dann war's wieder Tag mit wenig Licht. Mein Vater war weggegangen von uns und allein. Vielleicht waren wir ihm schlechte Gefährten gewesen in seiner Traurigkeit. Meine Mutter blieb zu Hause. Gegen Mittag schlief sie auf dem Sofa ein und sprach im Traum.

Da klingelte es und mein Vater stand da, ganz grau im Gesicht. Er nahm sie in die Arme und sie weinte endlich und er versuchte ein Lächeln. Ich weiß nicht, wo er gewesen ist. Vielleicht hat er wirklich weglaufen wollen, vor uns und vor sich selbst. Er bemüht sich seitdem, seine Traurigkeit zu verbergen.

Manchmal geht er spazieren und die Kreuzworträtsel löst er wieder ganz. Ich weiß nicht, wie es weitergehen wird, aber es ist anzunehmen, dass er eines Tages Arbeit findet. Vielleicht morgen, übermorgen oder in einem Monat. Er wird wieder im Morgengrauen aufstehen und sich schimpfend rasieren. Er wird sich die Lippen am Tee verbrennen und bei der ersten Zigarette husten. Am Abend wird er sagen, dass der Mensch ein Sklave ist, und er wird zufrieden sein. Meine Eltern werden nicht mehr streiten und Maria wird das alles schon vergessen haben.

Ich aber habe meinen Vater gesehen, wie er wirklich ist. Ich habe ihn ohne die Tarnung der täglichen Fabrikstunden gesehen. Er ist mein Vater, und ich mag ihn.

C	Name:	Datum:

2. Welche Mitglieder hat die Familie?

Familienmitglieder

3. Kreise die Person ein, die die Geschichte erzählt.

4. Ist die Familie in einer finanziellen Notsituation? Begründe deine Antwort.

5. Wodurch hat sich das Leben des Vaters verändert?

6. Wo hat der Vater gearbeitet? Was hat er dort getan?

C	Name:	Datum:

7. Lies noch einmal die Textstellen, die die Arbeit des Vaters betreffen. Antworte wie im Beispiel.

Beispiel: Die Arbeit des Vaters war anstrengend. Woran kannst du das erkennen?

Zeile 5: Der Vater ist immer müde und hat keine Energie mehr, etwas mit seinen Kindern zu unternehmen.

a) Die Arbeit des Vaters war ungesund. Woran kannst du das erkennen?

b) Die Arbeit des Vaters war eintönig. Woran kannst du das erkennen?

8. Wie bewertet der Vater selbst diese Arbeit?

C	Name:	Datum:

9. Nenne drei Verhaltensweisen des Vaters nach seiner Entlassung, die dir besonders aufgefallen sind. Welche Schlussfolgerungen ziehst du aus diesen Verhaltensweisen?

Verhaltensweisen des Vaters	Deine Schlussfolgerungen
• ______________________	→ ______________________
• ______________________	→ ______________________
• ______________________	→ ______________________

10. Wie bewertest du das Verhalten des Vaters? Begründe deine Meinung.

C	Name:	Datum:

11. In Zeile 61 heißt es: *Es muss schlimm in ihm ausgesehen haben in den letzten Tagen, bevor es passierte.* **Was ist mit *bevor es passierte* gemeint?**

12. Warum ist der Vater weggegangen? Was vermutet die Familie?

-
-
-

13. Glaubst du, dass sich der Vater nach seiner Rückkehr verändert hat? Begründe deine Meinung.

C	Name:	Datum:

**14. Warum sind die Ereignisse für das Kind so wichtig?
Wie sieht das Kind am Ende seinen Vater?**

C	Name:	Datum:

15. Was bedeuten die folgenden Sätze im Text? Formuliere mit deinen eigenen Worten.

Beispiel:

Zeile 14
Ich kapiere das nicht so recht.

Ich verstehe das nicht so ganz.

a) Zeile 14
Es ist ein Makel, arbeitslos zu sein.

b) Zeilen 33–34
Sie streiten wegen jedem Dreck neuerdings.

c) Zeile 59
Das klingt überheblich.

d) Zeile 66
Er konnte sich was angetan haben.

C	Name:	Datum:

16. Erkläre die folgenden Textstellen. Dazu musst du dir die entsprechenden Passagen noch einmal genau ansehen.

Beispiel:

Zeilen 10–11
Er horcht an der Tür, ob auch niemand im Flur ist, dann huscht er los.
Die Textstelle bedeutet:

Der Vater schämt sich vor den Mitbewohnern, weil er arbeitslos ist, und er will unbemerkt das Haus verlassen.

a) Zeilen 18–19
„Da kann ich mich ja gleich auf eine Parkbank setzen", hat er gesagt, „zu den Rentnern!"
Die Textstelle bedeutet:

____

____

b) Zeile 49
... er hat sich hinter seiner Arbeit versteckt.
Die Textstelle bedeutet:

____

____

c) Zeilen 58–59
Ich will versuchen, aus eigener Kraft heraus zu leben.
Die Textstelle bedeutet:

____

____

d) Zeilen 77–78
Vielleicht waren wir ihm schlechte Gefährten gewesen in seiner Traurigkeit.
Die Textstelle bedeutet:

____

____

e) Zeilen 91–92
Ich habe ihn ohne die Tarnung der täglichen Fabrikstunden gesehen.
Die Textstelle bedeutet:

____

____

____

C	Name:	Datum:

Sieh dir die Bilder an.

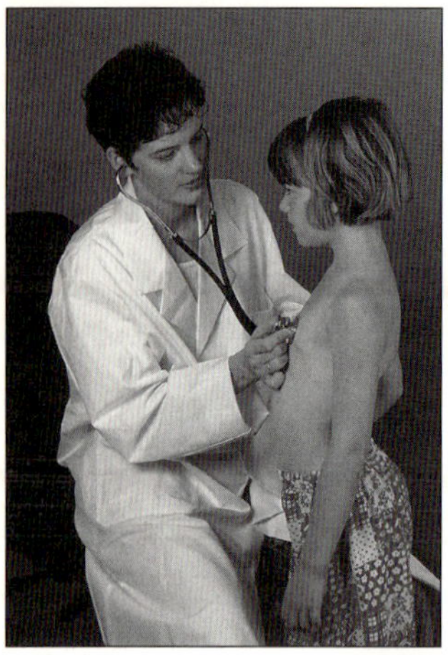

17. In welchem Beruf würdest du gerne arbeiten? Warum?

C	Name:	Datum:

Lies den folgenden Text.

Schüler als Unternehmer?

„Wenn es um die Schule geht, kann man uns vergessen. Wenn es um Handwerkliches geht, kann man was mit uns anfangen." So beschreiben sich Heiko und Markus, zwei sechzehnjährige Schüler. So hat es angefangen: Markus hat für Bekannte Bäume gefällt. Im Laufe der Zeit hat er sich dann Werkzeuge und Geräte zugelegt. Seine Eltern haben Werkzeuge und Geräte bezahlt. Außerdem hat er seine Arbeit immer mehr professionalisiert.
Es ist ein kleines Garten- und Landschaftsunternehmen entstanden. Das Garten- und Landschaftsunternehmen betreibt er inzwischen mit seinem Freund Heiko.
Die beiden haben sich ein Stück Land gepachtet. Auf dem Stück Land deponieren sie Baumschnitt und Gartenabfälle.
Aus den Stämmen machen sie Bretter oder Gartenbänke. Die Gartenbänke verkaufen sie auch. Sie verlegen Platten, fahren Erde ab und roden, auch ein Häckselservice gehört zu ihrem Angebot. Ihr ganzer Stolz sind zwei eigene Trecker mit Anhänger. Die Trecker mit Anhänger haben sie selbst gekauft und für ihre Bedürfnisse umgebaut. Demnächst wollen sie eine Halle für ihren Betrieb anmieten. Der Betrieb wird immer größer. Anfragen laufen ausschließlich über ihre Handys. „Man kennt uns", erklärt Heiko voller Stolz. Termine und Aufträge werden in ein Buch eingetragen. In das Buch erhält außer den Eltern niemand Einblick. „Die wollen schon mal gucken, ob wir mehr verdienen als sie."
20 bis 25 Stunden investieren Heiko und Markus wöchentlich. „Wenn wir den ganzen Tag arbeiten könnten, wären wir irgendwann Millionäre."
Zu ihrem derzeitigen Verdienst machen sie nur vage Angaben, es sei aber schon eine „runde Summe". Das Geld investieren sie zum Teil wieder in neue Geräte, der Rest wird für den eigenen Roller, Klamotten und Freizeit ausgegeben. Von ihren Eltern bekommen sie jedenfalls kein Taschengeld mehr, Markus gibt sogar 100 Euro Kostgeld zu Hause ab. Ihre Eltern sind ebenfalls selbstständig und haben die unternehmerischen Aktivitäten ihrer Söhne immer kräftig unterstützt. „Arbeiten hat noch keinem geschadet!", ist die Philosophie, die die beiden Jungen von ihnen übernommen haben.
Die Schulleistungen allerdings leiden unter ihren Aufträgen. Wenn die beiden manchmal bis in die Nacht beschäftigt sind, dann sind sie morgens natürlich nicht fit. Aber die Schule sehen sie ohnehin eher als überflüssiges Übel, das viel zu lange dauert. Markus hat schon einen Ausbildungsplatz als Fahrzeugbauer und wird die Schule nach der 9. Klasse verlassen. Ob er dann noch so viel Zeit für den Betrieb haben wird, ist zweifelhaft. Für beide steht in jedem Fall fest, dass sie sich später selbstständig machen werden, eine richtige eigene Werkstatt wollen sie haben.
Von ihren Mitschülern setzen sich die Jungunternehmer deutlich ab: „Die sitzen den ganzen Tag vor dem Fernseher oder dem Computer, gehen dann zu Mama oder Papa und wollen Taschengeld – die stehen doch nicht im Leben!" Markus und Heiko fühlen sich eindeutig erwachsener.

18. Was ist erstaunlich an den beiden Jugendlichen?

____

____

____

C	Name:	Datum:

19. Vermeide die Wiederholungen in den kursiv gedruckten Sätzen (2)–(7) und verbinde sie wie in dem Beispiel (1) in der rechten Spalte.

„Wenn es um die Schule geht, kann man uns vergessen. Wenn es um Handwerkliches geht, kann man was mit uns anfangen." So beschreiben sich Heiko und Markus, zwei sechzehnjährige Schüler. So hat es angefangen: Markus hat für Bekannte Bäume gefällt. (1) *Im Laufe der Zeit hat er sich dann Werkzeuge und Geräte zugelegt. Seine Eltern haben* ***Werkzeuge und Geräte*** *bezahlt.* Außerdem hat er seine Arbeit immer mehr professionalisiert. (2) *Es ist ein kleines Garten- und Landschaftsunternehmen entstanden. Das Garten- und Landschaftsunternehmen betreibt er inzwischen mit seinem Freund Heiko.* (3) *Die beiden haben sich ein Stück Land gepachtet. Auf dem Stück Land deponieren sie Baumschnitt und Gartenabfälle.* (4) *Aus den Stämmen machen sie Bretter oder Gartenbänke. Die Gartenbänke verkaufen sie auch.* Sie verlegen Platten, fahren Erde ab und roden, auch ein Häckselservice gehört zu ihrem Angebot. (5) *Ihr ganzer Stolz sind zwei eigene Trecker mit Anhänger. Die Trecker mit Anhänger haben sie selbst gekauft und für ihre Bedürfnisse umgebaut.* (6) *Demnächst wollen sie eine Halle für ihren Betrieb anmieten. Der Betrieb wird immer größer.* Anfragen laufen ausschließlich über ihre Handys. „Man kennt uns", erklärt Heiko voller Stolz. (7) *Termine und Aufträge werden in ein Buch eingetragen. In das Buch erhält außer den Eltern niemand Einblick.* „Die wollen schon mal gucken, ob wir mehr verdienen als sie." 20 bis 25 Stunden investieren Heiko und Markus wöchentlich. „Wenn wir den ganzen Tag arbeiten könnten, wären wir irgendwann Millionäre."	(1) Im Laufe der Zeit hat er sich dann Werkzeuge und Geräte zugelegt, **die** seine Eltern bezahlt haben.

C	Name:	Datum:

20. Während der Schulzeit zu arbeiten, hat Vorteile und Nachteile. Unterstreiche im Text *Schüler als Unternehmer* die Vorteile grün und die Nachteile rot.

21. Viele Schüler arbeiten während der Ferien. Hier aber geht es um Schüler, die während der Schulzeit arbeiten. Sollten Schüler auch schon während der Schulzeit arbeiten? Was meinst du? Liste die Vor- und Nachteile stichwortartig in der folgenden Tabelle auf. Du kannst die Argumente benutzen, die du rot und grün im Text unterstrichen hast, du kannst aber auch eigene Argumente hinzufügen.

Vorteile (+)	Nachteile (-)

C	Name:	Datum:

22. Schreibe nun einen Aufsatz, in dem du die Vor- und Nachteile diskutierst, die sich ergeben, wenn Schüler einer bezahlten Arbeit nachgehen, während sie noch die Schule besuchen. Benutze dazu die Argumente aus deiner Tabelle.

Wenn du möchtest, kannst du eine Vorbereitung deines Aufsatzes anfertigen. Dann fällt dir das Schreiben nachher bestimmt leichter.

Vorbereitung

Beachte beim Schreiben des Aufsatzes die folgenden Tipps:

- Du sollst eine kurze Einleitung formulieren, in der das Thema vorgestellt wird.
- Überlege dir im Hauptteil, wie die einzelnen Vor- und Nachteile (=Argumente) am besten aufeinander folgen. Meistens bringt man die wichtigsten Argumente erst gegen Ende.
- Stelle nicht einfach Behauptungen auf. Versuche Beispiele zu finden und begründe, warum etwas von Vorteil oder von Nachteil ist.
- Schreibe einen Schlussteil. Er soll deine persönliche Meinung enthalten.
- Lies deinen Aufsatz noch einmal durch. Achte auf die Wortwahl. Hast du einzelne Wörter nicht zu oft wiederholt? Sind die Wörter passend? Kontrolliere nun Rechtschreibung und Grammatik. Stimmt die Groß- und Kleinschreibung?

C	Name:	Datum:

Sollen Schüler während der Schulzeit arbeiten?

C	Name:	Datum:

Auswanderung nach Amerika

Differenzierungsstufe A–C (gemeinsamer Teil): Karin Gündisch: „Das Paradies liegt in Amerika" und Georges Perec, Robert Bober: „Ellis Island"

Kommentar

1. Thema und Textauswahl

Die im ersten Teil gemeinsamen Aufgaben der Differenzierungsstufen A–C behandeln das Thema Auswanderung nach Amerika. Die Migrationsthematik ist im Zeitalter von zunehmender Mobilität und Globalisierung besonders aktuell. Das Thema wird in diesen Tests bewusst in einer zeiträumlichen Distanz behandelt, um direkte emotionale Reaktionen abzuschwächen. Gerade durch die historische Distanz lassen sich die Probleme von Auswanderung und Einwanderung klarer vorstellen und erkennen: beispielsweise die Motive und sozialen Hintergründe für Auswanderungen, die praktischen Probleme (Finanzierung, Reiseziele, Reisebedingungen, erste Unterkunft oder Arbeit), aber auch die damit verbundenen menschlichen Probleme wie Zukunftsängste, Heimweh oder enttäuschte Erwartungen.

Diese verschiedenen Aspekte werden durch unterschiedliche Texte und Textsorten behandelt. Zum einen durch Zeitungsartikel, Dokumente wie Aufnahmeschein, persönliche Briefe von Ausgewanderten, Karten oder beschriftete Fotos. Zum anderen wird die Migrationsproblematik anhand von Auszügen aus literarischen und autobiografischen Texten vorgestellt. Dem Buch von Karin Gündisch: *„Das Paradies liegt in Amerika"* sind einige Textauszüge entnommen. Das Buch beschreibt die Aufbruchstimmung in einem kleinen siebenbürgischen Städtchen, denn in Amerika soll das Paradies auf Erden sein. Auch Johanns Familie macht sich auf den langen Weg. Es sind aufregende, beschwerliche Tage und Wochen, bis sie endlich in Youngstown ankommen, und der Neubeginn ist alles andere als einfach. Der elfjährige Johann erzählt selbst, was sich alles zugetragen hat in jenen Jahren des ausgehenden 19. Jahrhunderts und wie aus ihm ein richtiger Amerikaner wurde.

Ein weiterer Textauszug ist dem Buch von Georges Perec und Robert Bober: *„Geschichten von Ellis Island oder Wie man Amerikaner macht"* entnommen, das besonders die problematischen Seiten der Auswanderung thematisiert. Die Autoren beschäftigen sich in diesem Buch mit der Geschichte von Ellis Island. Auf eindringliche Weise wird die Zeit von 1892, als das Auffanglager Ellis Island eröffnet wurde, bis zu dessen Schließung 1954 dargestellt. In der Zeit von 1892 bis 1924 wurden allein 16 Millionen Menschen durch die sogenannte Träneninsel geschleust, jener „Fabrik zur Herstellung von Amerikanern". Nach einer qualvollen tagelangen Schiffsreise mussten die Einwanderer stundenlang in den riesigen dreckigen Hallen der Auffanglager auf medizinische Untersuchung warten. Die Kontrollformalitäten dauerten 3–5 Stunden. War der Inspektor zufrieden, gab es ein Visum in den Pass und der ersehnten Überfahrt nach New York stand nichts mehr im Wege. Bestand dagegen auch nur das geringste Problem, wurde der Auswanderer (etwa wegen Krankheit oder Geistesschwäche) abgeschoben. Tragödien fanden statt, denn oft wurden nur Teile eingereister Familien akzeptiert. Viele der Einwanderer wählten amerikanische Namen, so wurde aus einem Einwanderer aus Berlin ein Mr. Berliner, ein russischer Immigrant namens Wladimir wurde Walter genannt, aus einem Herrn Skyzertski wurde Mr. Sanders.

Diese mannigfaltigen Texte und Dokumente führen zu einer multiperspektivischen Darstellung des Themas und können vor allem die Empathiefähigkeit der Schüler entwickeln: Die Schüler können die Situation der Auswanderer nachvollziehen, sowohl ihre äußeren Beschwernisse als auch ihre Ängste, Hoffnungen und Enttäuschungen.

2. Leistungsanforderungen und Aufgabenbereiche

In den Differenzierungsstufen dieses Kapitels werden folgende Kompetenzbereiche evaluiert: Textverstehen (Aufgaben 1–9, 10–15, außerdem Aufgaben 17 und 18 in Differenzierungsteil A). Wortschatzarbeit (Aufgabe 9), Grammatikarbeit (Aufgabe 16) und freies Schreiben (Aufgabe 17 in Differenzierungsstufe B und C und Aufgabe 19 in Differenzierungsstufe A).

Den Einstieg bildet eine Text-Bild-Collage, durch die die Schüler mit dem Thema Auswanderung vertraut gemacht werden. Bereits die Bilder können einen ersten Eindruck von der historischen Einordnung sowie den Bedingungen der Auswanderung vermitteln. Die Karte veranschaulicht den Auswanderungsweg; Aufnahmeschein und Kurztext liefern erste Informationen über die Auswanderungsbewegungen im 19. Jahrhundert. In Aufgabe 1 sollen die Schüler diese Informationen in einer Strukturskizze zusammenfassen.

Dieser Orientierung und ersten Information folgt als erster Basistext das Vorwort aus dem Buch *„Das Paradies liegt in Amerika"* von Karin Gündisch. In diesem Vorwort geht es um eine komprimierte Darstellung des „langen Wegs nach Amerika": Auswanderungsmotive, Anwerbung und Einschiffung, die Schiffsreise mit ihren Beschwernissen sowie die Aufnahmeprozedur in der neuen Heimat. Dieser Haupttext wird ergänzt durch mehrere kurze Informationstexte, in denen zentrale Aspekte des Basistextes thematisiert werden. In den Aufgaben 2–9 bearbeiten die Schüler Basis- und Beitexte; in den Aufgaben 2–6 geht es um das Verstehen zentraler Textinhalte, in den Aufgaben 7 und 8 sollen die Schüler über den Text hinaus eigene Stellungnahmen abgeben. Aufgabe 9 bezieht sich auf das Detailverstehen: Wichtige Begriffe aus dem Basistext sollen aus dem Kontext heraus erklärt werden.

Während der erste Basistext informativ ausgerichtet ist, ist der zweite Basistext eher wertend. Georges Perec und Robert Bober zeichnen das düstere Bild der Auswanderung: Nach der furchtbaren Überfahrt kommen die Auswanderer auf der Träneninsel an und machen bald die Erfahrung, „dass das, was man ihnen über das wunderbare Amerika erzählt hatte, nicht ganz stimmte." Die Auswanderer werden als hilflose, ausgebeutete Menschen beschrieben. In den Aufgaben 10–14 sollen die Schüler „mitgemeinte" Wertungen erkennen und die Meinungen der Autoren herausarbeiten.

In Aufgabe 15 geht es um einen Textvergleich: Die Schüler lesen zunächst den Auszug aus dem Originalbrief eines Einwanderers, in dem dieser von seinen Erfahrungen berichtet. Die im Brief ausgedrückte Haltung und Bewertung der Auswanderung sollen die Schüler mit den Aussagen in „Ellis Island" in Beziehung setzen.

3. Kompetenzen und Kompetenzbereiche

(a) Textverstehen
- *orientierendes Lesen:*
  - Thema erfassen und in den historischen Kontext einordnen (Aufgabe 1)
- *globales Lesen:*
  - Text gliedern und zentrale Informationen herausarbeiten (Aufgaben 2, 3, 5)
- *selektives Lesen:*
  - Herauslesen spezifischer Textinformationen (Aufgaben 4, 6, 12)
- *detailliertes Lesen:*
  - Verstehen zentraler Formulierungen aus dem Text (Aufgaben 9, 13)
- *Zwischen-den-Zeilen-Lesen:*
  - mitgemeinte Textinhalte erschließen (Aufgaben 10, 11, 13)
- *bewertendes Lesen:*
  - Textpassagen einordnen, bewerten und eine persönliche Stellungnahme abgeben (Aufgaben 7, 8, 14, 15, 18)

(b) Wortschatzarbeit
- rezeptives Wortverstehen (Aufgabe 9)

Im 19. Jahrhundert erreichte die Auswanderung im deutschsprachigen Raum einen Höhepunkt. Es kam verschiedentlich zu Massenauswanderungen:
1816/1817 kam es zu extrem nassen, kalten Sommern, sodass die Ernte zweier Jahre ausfiel und viele Menschen, vor allem der unteren Mittelschicht und der Unterschicht, Hunger litten.
Die größte Massenemigration des 19. Jahrhunderts fand aber zwischen 1845–1855 statt, als große Teile der Bevölkerung verarmten. Nun richteten sich die Auswandererströme fast ausnahmslos nach den Vereinigten Staaten. Die Deutschen stellten dabei die größte nationale Einwanderergruppe. In der neuen Heimat wurden weite Landstriche erschlossen und besiedelt, indem man die eingeborenen Indianer bekämpfte und vertrieb. Einen zusätzlichen Anreiz zur Auswanderung bildeten die Nachrichten von Goldfunden in Kalifornien seit 1845, bekannt geworden unter dem Begriff Goldrausch.
Nach 1880 kam es noch einmal zu einer Auswanderungswelle in die Vereinigten Staaten, die jedoch nicht mehr die Stärke der anderen Auswanderungsbewegungen erreichte.

Auswanderer nehmen den Zug ins Landesinnere …

… und gehen in Bremerhaven an Bord (Foto um 1898)

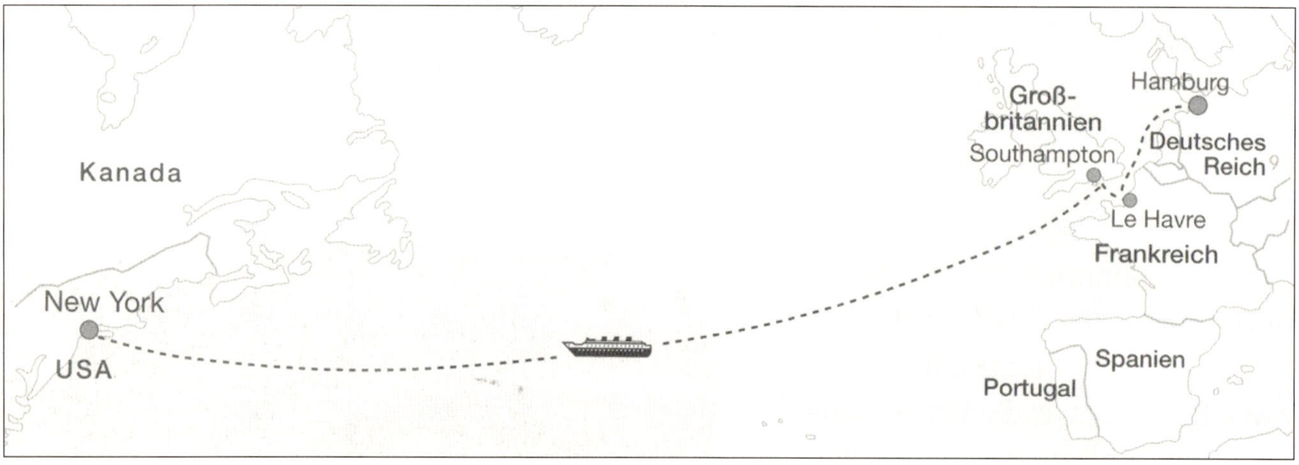

Karte mit Grenzen um 1900

A	Name:	Datum:

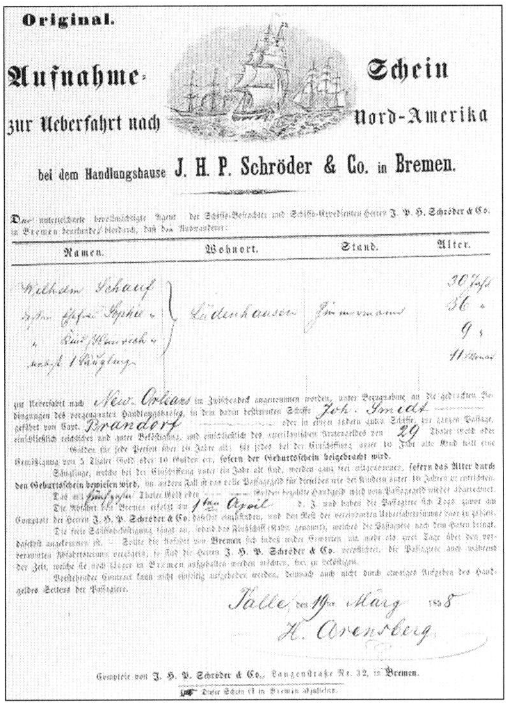

Original.

Aufnahme-Schein

zur Ueberfahrt nach Nord-Amerika

bei dem Handlungshause J. H. P. Schröder & Co. in Bremen.

Aufnahme-Schein zur Ueberfahrt nach Nord-Amerika bei dem Handlungshause J. H. P. Schröder & Co. in Bremen

Der unterzeichnete bevollmächtigte Agent der Schiffs-Befrachter und Schiffs-Expedienten Herren J. P. H. Schröder & Co. in Bremen beurkundet hierdurch, dass der Auswanderer

Name	Wohnort	Stand	Alter
Wilhelm Schauf	Lüdenhausen	Zimmermann	30 Jahre
dessen Ehefrau Sophie			36 Jahre
dessen Kind Heinrich			9 Jahre
nebst einem Säugling			11 Monate

zur Überfahrt nach New Orleans im Zwischendeck angenommen werden, unter Bezugnahme auf die gedruckten Bedingungen des vorgenannten Handlungshauses, in dem darin bestimmten Schiffe (...).

ausgestellt auf den 19. März 1858

Auswanderer an Deck (Foto um 1910)

Ankunft in New York

A Name:	Datum:

1. Schau dir die Fotos und Abbildungen auf den Seiten 102–103 an. Um welches Thema geht es? Welche der Fragen in den Kästen kannst du beantworten? Bei welchen hast du Vermutungen?

a) Von wo nach wo wanderten die Menschen aus?

b) Wann kam es zu größeren Auswanderungswellen?

Große Teile der unteren Mittelschicht verließen im 19. Jahrhundert ihre Heimat und suchten ihr Glück in der Ferne.

c) Vermute, welche Leute ausgewandert sind.

d) Womit gelangten die Menschen an ihr Ziel?

A Name:	Datum:

Der lange Weg nach Amerika

A Die große Auswanderung nach Amerika ist auf mehrere Ursachen zurückzuführen. Viele Menschen, z. B. verarmte Bauern in Österreich-Ungarn oder verfolgte Juden in Russland und Rumänien, hofften auf ein besseres Leben in Amerika, wo sich die Industrie stark entwickelte und Arbeitskräfte gesucht wurden. Die Fortschritte der Eisenbahn und der Dampfschifffahrt machten diese <u>Massenauswanderung</u> aber erst möglich.

B Meistens ging ein Familienmitglied, der Mann oder ein erwachsener Sohn, auf die große Reise und ließ dann die Familie (oft mit vorbezahlten Tickets) nachkommen. Die Agenten der Schifffahrtsgesellschaften leisteten den Reisenden praktische Hilfe, die sie sich gut bezahlen ließen. Unter ihnen gab es auch Schleuser, die Menschen ohne Pässe über die Grenzen brachten. Die Agenten warben mit <u>Propagandaliedern</u> auf fliegenden Blättern für die Auswanderung. Es gab aber auch Propagandalieder gegen die Auswanderung. Sie wurden auf Veranlassung der Behörden ebenfalls auf fliegenden Blättern unters Volk gebracht, mit der Absicht, die wertvollen Arbeitskräfte und Steuerzahler im Land zu halten. Die Reise der Auswanderer war lang und beschwerlich. Sie fuhren mit der Bahn durch mehrere Länder, über mehrere Grenzen, machten eine lange, unbequeme Schifffahrt und mussten dann oft mit der Bahn noch weit fahren in die Kohle- und Stahlreviere in West-Pennsylvania und ins östliche Ohio oder nach West-Virginia, ins nördliche Illinois oder nach Indiana. Aber nicht jeder, der die <u>Strapazen</u> der Reise auf sich nahm, durfte in Amerika einreisen.

C Kranke, die z. B. unter einem Trachom litten (eine damals weit verbreitete Augenkrankheit) oder an Tuberkulose, Kinder, die die Masern hatten oder die Krätze, Behinderte, Arme mit vielen kleinen Kindern, von denen man annehmen konnte, dass sie der staatlichen Fürsorge zur Last fallen würden, wurden nach der Ankunft in Amerika zurückgewiesen und auf Kosten der Schifffahrtsgesellschaften wieder in ihre Heimat gebracht. Als die Zahl der <u>Zurückgewiesenen</u> stieg, errichteten die Schifffahrtsgesellschaften an den Grenzübergängen <u>Kontrollstationen</u>. Wer nach den geltenden amerikanischen <u>Einwanderungsgesetzen</u> wenig Chancen hatte, aufgenommen zu werden, wurde schon dort zurückgeschickt.

Tief im Bauche des Schiffes
Zur Zeit der Segelschiffe herrschen an Bord oft katastrophale Zustände. Auswanderer steckt man in das enge und dunkle Zwischendeck, das meist nur 1,80 m hoch ist. Häufig werden mehr Passagiere als erlaubt untergebracht, der Proviant ist schlecht und nicht ausreichend, die Behandlung entwürdigend.

A Name:	Datum:

D Einer Kontrolle mussten sich aber nur die Zwischendeckpassagiere unterziehen. Sie machten den größten Teil der Auswanderer aus. Die wohlhabenderen Kajütenpassagiere wurden weder bei der Ausreise aus Deutschland noch bei der Ankunft in Amerika kontrolliert, denn man nahm an, dass sie über genügend Geldmittel verfügten und ohne Hilfe des Staates auskommen würden.

Motive und Hoffnungen der Auswanderer
Neben der Aussicht, in Amerika ihre Religion frei ausüben zu können, war es vor allem die materielle Not in Deutschland, die Tausende Deutsche dazu brachte, ihre Heimat zu verlassen.
Auslöser für Massenauswanderungen waren vor allem immer wiederkehrende Missernten und Hungersnöte sowie die zahlreichen Abgaben, zu denen die Bevölkerung in Deutschland zu jener Zeit verpflichtet war. In Amerika hofften die deutschen Auswanderer außerdem auf billiges Land und höhere Löhne.
In der Tat bedeutete die Auswanderung nach Amerika für die große Mehrheit der Deutschen auf längere Sicht eine materielle Verbesserung. Doch bis sich die Einwanderer als freie Siedler auf eigenem Landbesitz niederlassen konnten, sollten oft mehrere Jahre vergehen.

E Die Auswanderung in diesem großen Ausmaß kam 1914 mit dem Beginn des Ersten Weltkriegs zum Stillstand.

Unterschiedliche Quartiere
Nach der Kontrolle der Fahrkarten wies man den Fahrgästen sogleich ihre Quartiere zu. Während die wohlhabenden Herrschaften in der komfortableren Kajütsklasse reisten, mussten sich die allermeisten Auswanderer – über 90 % – mit der preisgünstigeren „Holzklasse“, dem Zwischendeck, begnügen, und wanderten so in großer Schar in den dunklen schwülen Bauch des Schiffes.

A Name: Datum:

2. Lies den Haupttext *Der lange Weg nach Amerika* und ordne den Abschnitten A–E die passenden Überschriften zu. Trage dazu die entsprechenden Buchstaben in die Kästchen ein.

- [ ] Die beschwerliche Reise
- [ ] Die amerikanischen Einwanderungsgesetze
- [ ] Ende der Auswanderung
- [ ] Ursachen der Auswanderung
- [ ] Unterschiedliche Bedingungen für die Einwanderer

3. Warum sind im 19. Jahrhundert so viele Europäer nach Amerika ausgewandert? Nenne drei Gründe.

- ______________________________
- ______________________________
- ______________________________

4. a) Wer verdiente an den Auswanderern?
b) Auf welche Art und Weise?

a) ______________________________

b) ______________________________

A	Name:	Datum:

5. Warum kann man von einer Zweiklassengesellschaft auf den Schiffen sprechen?

6. Wer durfte nach Amerika einreisen? Warum?

7. Wer hat es deiner Meinung nach am schwersten von allen Passagieren? Begründe deine Meinung.

8. Was interessiert dich besonders an der Einwanderung? Formuliere selber eine Frage, die dir besonders wichtig erscheint und die in den Texten nicht beantwortet wird.

A	Name:	Datum:

9. Erkläre die Begriffe aus dem Haupttext auf Seite 105. Sieh dir hierzu die entsprechenden Stellen noch einmal genau an, denn du sollst erklären, was die unterstrichenen Wörter in diesem Text bedeuten.

Beispiel:

Propagandalieder

Propagandalieder sind Lieder, mit denen für oder gegen die Auswanderung geworben wird.

Massenauswanderung

Strapazen

Zurückgewiesene

Kontrollstationen

Einwanderungsgesetze

A	Name:	Datum:

Ellis Island

nach Georges Perec, Robert Bober

Viele Millionen Männer, Frauen und Kinder landeten nach einer furchtbaren Überfahrt aus Europa auf der Insel „Ellis Island“. Hier wurde entschieden, ob sie in Amerika bleiben durften. Die Insel wurde deshalb auch die

Einwanderer auf Ellis Island 1905

Träneninsel
île des larmes
wyspa łez
island of tears
isola delle lacrime
το νισσι τον ζακριον
остров слёз
טרערן-אינדזל

genannt.

1890 hatte das Amt für Einwanderung beschlossen, in Ellis Island ein Auffanglager zu bauen, das an die Stelle der zu klein gewordenen Gebäude von Castle Garden[1] kommen sollte. Die Gebäude waren noch nicht ganz fertig, als am 1. Januar 1892 die erste Einwanderin offiziell auf Ellis Island empfangen wurde. Es war eine fünfzehnjährige Irin aus der Grafschaft Cork namens Anni Moore. Und man überreichte ihr als Willkommensgruß eine Zehn-Dollar-Goldmünze, die heute ungefähr 250 Euro wert wäre.

Die Einwanderer, die zum ersten Mal in Battery Park an Land gingen, stellten bald fest, dass das, was man ihnen über das wunderbare Amerika erzählt hatte, nicht ganz stimmte: Vielleicht gehörte das Land ja allen, aber die, die zuerst gekommen waren, hatten sich bereits reichlich bedient und ihnen blieb nichts weiter übrig, als sich zu zehnt in den fensterlosen Elendswohnungen der Lower East Side zusammenzudrängen und fünfzehn Stunden am Tag zu arbeiten. Die Tauben flogen ihnen nicht gebraten ins Maul und die Straßen von New York waren nicht mit Gold gepflastert. In Wirklichkeit waren sie in den meisten Fällen überhaupt nicht gepflastert. Und sie begriffen nun, dass man sie genau deshalb hatte kommen lassen, damit sie sie pflasterten. Und damit sie die Tunnel gruben und die Kanäle, damit sie die Straßen bauten, die Brücken, die großen Staudämme, die Eisenbahnstrecken, damit sie ihre Wälder urbar machten, die Erzgruben und die Steinbrüche abbauten, damit sie Autos und Zigarren herstellten, Karabiner und Anzüge mit Westen, Schuhe, Kaugummi, Cornedbeef und Seife, und damit sie Wolkenkratzer bauten, die noch höher waren als die, die sie bei ihrer Ankunft entdeckt hatten.

1 Durchgangslager für die ersten Einwanderer, bevor Ellis Island 1892 fertig gestellt wurde

A	Name:	Datum:

10. Weshalb wurde Ellis Island Träneninsel genannt?

11. Warum schreiben die Autoren „Träneninsel" wohl in acht verschiedenen Sprachen?

12. a) Warum waren so viele Einwanderer enttäuscht, nachdem sie die Einreiseerlaubnis hatten?
    b) Nenne zwei Beispiele, wie mit den Einwanderern umgegangen wurde.

13. Was bedeuten die Sätze *Die Tauben flogen ihnen nicht gebraten ins Maul* und *Die Straßen von New York waren nicht mit Gold gepflastert*?

14. Welches Bild von Amerika zeichnen die Autoren? Beschreibe ihre Vorstellungen.

A	Name:	Datum:

Am 4. Januar 1885 schrieb der nach Amerika ausgewanderte Philippe Lépine folgenden Brief an seinen Bruder und seine Schwägerin:

Marschall, den 4 ten 1. 85

Lieber Bruder und Schwägerin!

Ich habe euch damals geschrieben, als ich nach Amerika auswanderte, und seitdem habe ich nichts von mir hören lassen. Ich denke, Ihr werdet wohl oft von uns sprechen, was wir machen, ebenso wie wir von Euch oft in der Abendstunde sprechen, was Ihr wohl macht, und ob wohl noch alles gesund sein mag. (...)

Ich will Euch nun etwas aus Amerika mitteilen, damit Ihr wisst, wie es hier aussieht. Wenn die Deutschen nach Amerika ziehen, dann heißt es: jetzt gehts in das schöne Land, aber wie täuscht sich mancher, wenn er hier ankommt; wer in einer Stadt bleibt, mit dem geht es noch, wenn er gleich Arbeit bekommt, und die bekommt jeder frische Einwanderer, denn die nimmt ein jeder, die sind noch zu dumm, die kennen die Sitten und Gebräuche und auch die Arbeitslöhne nicht, das machen sich die Amerikaner zunutze ...

15. a) Vergleiche den Text *Ellis Island* mit dem Brief von Philippe Lépine. Kreuze die zutreffende Antwort an.

- ☐ Ich sehe keinen Zusammenhang zwischen dem Brief und dem Text über Ellis Island.
- ☐ Der Schreiber des Briefes bestätigt mit seinen Erfahrungen die Meinung der Autoren des Textes „Ellis Island“, Georges Perec und Robert Bober.
- ☐ Der Schreiber des Briefes widerspricht mit seinen Erfahrungen den Aussagen der Autoren von „Ellis Island“ über die Einwanderung nach Amerika.

b) Begründe deine Meinung.

____

____

____

____

A	Name:	Datum:

2. Leistungsanforderungen und Aufgabenbereiche

Aufgabe 16 ist eine textorientierte Grammatikaufgabe und bezieht sich auf eine Episode aus dem Buch von Karin Gündisch. Die Schüler sollen einen Text überarbeiten, indem sie vorgegebene Verben in korrekter Form einsetzen (Konjugation im Präteritum).
Aufgabe 19, eine Aufgabe zum vorgabenorientierten Schreiben, bildet den Abschluss. Diese Schreibaufgabe steht insofern mit dem Thema Einwanderung in Verbindung, als die Schüler in der Grammatikaufgabe einen Text zum Thema Namensänderung bearbeitet haben. Sie sollen in Aufgabe 17 eine Stellungnahme zur grundsätzlichen Namensänderung abgeben. Zur thematischen Vorentlastung der Schreibaufgabe bekommen die Schüler zudem einen kurzen Artikel, in dem das Thema Namensgebung mit aktuellem Bezug behandelt wird (kuriose, modische Namensgebung). Auch diesen Text sollen die Schüler bewerten und ihre Meinung begründen („Dürfen Eltern Kinder nennen, wie sie wollen?"). Anlass der Schreibaufgabe ist ein Chat-Beitrag zu diesem Artikel, auf den die Schüler antworten sollen. Die Schüler erhalten als Hilfe eine kurze Schreibanleitung zu Aufbau, Inhalt und sprachlicher Gestaltung des Beitrags. Schüler, die an das prozessorientierte Schreiben gewöhnt sind, haben die Möglichkeit, sich Notizen zu machen und ihren Text zu planen.

3. Kompetenzen und Kompetenzbereiche

(c) Grammatikarbeit
- produktive Grammatikarbeit: vorgegebene Verben einsetzen (Konjugation im Präteritum) (Aufgabe 16)

(d) Schreiben
- vorgabenorientiertes Schreiben: Textsorte Chat-Beitrag (Aufgabe 19)

16. Lies den folgenden Ausschnitt *Ein richtiger Amerikaner* aus dem Buch von Karin Gündisch *Das Paradies liegt in Amerika*. Der elfjährige Johnny, der 1894 mit seiner Familie aus Siebenbürgen nach Amerika eingewandert ist, erzählt von einem Erlebnis in der Schule.

Ergänze die eingeklammerten Verben im Präteritum. Ein Beispiel ist vorgegeben.

Ein richtiger Amerikaner

Ich habe gemeinsam mit Janusz eine Klasse übersprungen, und eines Tages fragte (fragen) mich meine Lehrerin, Miss Maier, die sich sehr um uns ______________ (kümmern), ob ich mich in Amerika eingelebt hätte. „Ich weiß es nicht", ______________ (antworten) ich, und tatsächlich ______________ (wissen) ich nicht, ob ich inzwischen ein richtiger Amerikaner geworden war.

Janusz ______________ (erzählen) mir, dass sein Vater den Familiennamen gewechselt hat, damit sie schneller Amerikaner werden. Als er auf Ellis Island vom Schreiber der Einwanderungskommission nach dem Namen gefragt wurde, ______________ (nennen) er seinen polnischen: Kowalski. Der irische Schreiber ______________ (verstehen) aber kein Polnisch und ______________ (sich erkundigen) beim Dolmetscher, was der Name bedeute. „Schmied", ______________ (erwidern) der Übersetzer. „Smith?", ______________ (wiederholen) der Schreiber und der Vater von Janusz ______________ (nicken) zustimmend.

Unser Name lässt sich nicht ins Amerikanische übertragen. „Bonfert" kommt von *bon fer*. Mama sagt, dass unsere Vorfahren Eisenarbeiter aus Lothringen waren, die vor vielen Jahrhunderten nach Siebenbürgen ausgewandert sind. Wir wollen unseren Namen behalten. Ich glaube nämlich, man kann Bonfert heißen und Amerikaner sein.

17. Wärst du bereit, aus welchen Gründen auch immer, deinen Namen zu ändern? Begründe deine Meinung.

____

____

____

____

____

A	Name:	Datum:

Der eigene Name kann nicht nur dann zu einem Problem werden, wenn man in einem fremden Land lebt. Auch Eltern kommen manchmal auf seltsame Namen. Lies dazu den folgenden Artikel:

In England wird man immer erfinderischer, was die Vornamen der Kinder angeht. Wer zu „Ikea" möchte, ist vielleicht nur auf dem Weg zu seiner Tochter und nicht jeder, der „Moet" mit sich herumträgt, hat dabei eine Flasche Champagner im Arm. Seit Neuestem sind dies nämlich auch Vornamen für kleine Mädchen und kleine Jungen. Die Engländer finden es langweilig, ihren Kindern gewöhnliche Namen zu geben. Daraus resultieren annähernd skurrile Rufnamen, die gerne mal der Obst- und Gemüsetheke entsprungen sind. Nach Vorbild von Prominenten wie Gwyneth Paltrow, die ihre Tochter Apple (Apfel) genannt hat, heißen die Kids nun Apricot (Aprikose) oder auch Paprica (Paprika). Aber die Engländer mögen offensichtlich auch Süßes, denn weitere beliebte Vornamen sind Caramel (Karamel), Sunshine (Sonnenschein), Tiger oder Fire-Lily (Feuer-Lily). Man darf gespannt sein, welche Namen in England wohl in Zukunft hip sein werden.

a) Lies den Zeitungsartikel und gib ihm eine passende Überschrift.

b) Welchen der Vornamen findest du am ungewöhnlichsten? Begründe.

c) Was spricht für und was spricht gegen solche Vornamen? Sammle Argumente.

In einem Internetforum war folgender Chat-Beitrag zu lesen:

Hi,

mein Sohn heißt Zorro. Ich finde es nämlich doof, wenn Kinder mit langweiligen Allerweltsnamen durchs Leben laufen müssen. Jetzt habe ich gelesen, dass andere Eltern ihr Kind Apple genannt haben. Toll, dann kann ich unsere Tochter ja auch Bambi nennen, oder?

Was meint ihr?
Gruß, H. H.

antworten

A	Name:	Datum:

19. Antworte jetzt auf den Chat-Beitrag von Hubi Hirsch. Was hältst du von solchen ungewöhnlichen Namen? Beachte dabei folgende Tipps:

- Beginne deine Antwort mit einer passenden Anrede.
- Stelle nicht einfach nur Behauptungen auf. Begründe deine Meinung und versuche, passende Beispiele zu finden.
- Formuliere eine Schlussformel.
- Lies deine Antwort noch einmal durch. Achte auf die Wortwahl. Hast du einzelne Wörter nicht zu oft wiederholt? Sind die Wörter passend? Kontrolliere nun Rechtschreibung und Grammatik. Stimmt die Groß- und Kleinschreibung?

Wenn du möchtest, kannst du dir zur Vorbereitung einige Stichwörter notieren:

Vorbereitung

Meine Meinung

A	Name:	Datum:

2. Leistungsanforderungen und Aufgabenbereiche

Aufgabe 16 ist eine textorientierte Grammatikaufgabe und bezieht sich auf eine Episode aus dem Buch von Karin Gündisch *Das Paradies liegt in Amerika*. Die Schüler sollen einen Text überarbeiten, indem sie die fehlenden Verben in der richtigen Zeit und korrekten Form einsetzen. Dazu werden den Schülern Verben mitgeliefert, aus denen sie auswählen können.

Aufgabe 17, eine Aufgabe zum vorgabenorientierten Schreiben, bildet den Abschluss. Auch die Schreibaufgabe ist auf das Thema und die Texte zur Auswanderungsproblematik bezogen. Die Schüler sollen die Rolle einer Figur (Janusz) einnehmen und aus seiner Perspektive einen Brief an einen Freund (über sein schweres Leben mit harter Arbeit, seine Empfindungen gegenüber den Freunden, Pläne für die Zukunft usw.) schreiben. Als Entlastung ist der Anfang des Briefes vorgegeben. Die Schüler erhalten als Hilfe eine kurze Schreibanleitung zu Aufbau, Inhalt und sprachlicher Gestaltung des Briefes. Schüler, die an das prozessorientierte Schreiben gewöhnt sind, haben die Möglichkeit, sich Notizen zu machen und ihren Text zu planen.

3. Kompetenzen und Kompetenzbereiche

(c) Grammatikarbeit
- produktive Grammatikarbeit: Verben in richtigem Tempus und korrekter Form in einen Text einsetzen (Aufgabe 16)

(d) Schreiben
- vorgabenorientiertes Schreiben: Textsorte Brief (Aufgabe 17)

In dem folgenden Auszug aus dem Buch von Karin Gündisch *Das Paradies liegt in Amerika* geht es um die Freunde Janusz und Johnny, die beide mit ihren Familien nach Amerika ausgewandert sind. Doch während Johnny weiter die Schule besuchen kann, muss Janusz in einem Bergwerk Geld verdienen …

16. Setze die fehlenden Verben in die Lücken ein. Verwende die passenden Zeitformen. Hilfe findest du am Ende des Textes. Achtung: Es sind mehr Verbformen angegeben, als du brauchst, sodass du an einigen Stellen zwischen zwei Möglichkeiten wählen kannst.

Johnny erzählt

Janusz war schon seit Längerem auf der Suche nach Arbeit, konnte jedoch erst keine ____________________. Doch dann verließ er uns, um in einem Bergwerk zu arbeiten. Er war dreizehn Jahre alt, und seine Eltern hatten eine eidesstattliche Erklärung ____________________, dass er schon vierzehn war. In Pennsylvania ____________________ Kinder unter vierzehn Jahren laut Gesetz nicht in Bergwerken arbeiten. Janusz aber ____________________ Geld verdienen.
Er ist der Zweitälteste von acht Geschwistern. Sein Vater ____________________ Tagelöhner, seine Mutter stellte in Heimarbeit künstliche Blumen her und die kleineren Kinder ____________________ dabei. Was sie ____________________, reichte vorne und hinten nicht, und darum musste Janusz, obwohl er ein guter Schüler war und gerne etwas gelernt hätte, die Schule frühzeitig verlassen. Ein Onkel hatte ihm eine Stelle als breaker boy ____________________. Nun ____________________ er täglich zehn Stunden auf einer Bank, über die Kohle am Fließband gebückt, zerkleinerte sie und ____________________ die brauchbaren Brocken vom nutzlosen Gestein. Neben ihm saßen andere Jungen und taten das Gleiche.
Unsere Lehrerin bedauerte sehr, dass Janusz die Schule verlassen musste. In der Klasse waren wir es aber schon gewöhnt, dass Emigrantenkinder manchmal einfach wegblieben, weil sie arbeiten mussten oder weil ihre Eltern auf der Suche nach Arbeit weitergezogen waren.
Als ich meinem großen Bruder ____________________, dass Janusz Bergarbeiter geworden war, ____________________ er wütend im Zimmer auf und ab, blieb dann vor mir stehen und sagte: „Fast dreihunderttausend Kinder unter vierzehn Jahren arbei-

B	Name:	Datum:

ten in Fabriken, in Bergwerken, in den Schlachthöfen von Chicago oder auf den Baumwollfeldern im Süden. Sie arbeiten zehn Stunden täglich für einen Hungerlohn. Weißt du, was die Kinder aus den Textilfabriken von Philadelphia während des letzten Streiks auf ihren Plakaten ______________________ ? Wir wollen zur Schule gehen! Kinderarbeit müsste verboten werden!"

Peter sah mich fest an. „Versprich mir, Johnny, dass du die Schule mit Erfolg beenden wirst, dass du etwas lernst, denn das ist deine Chance!"

Ich ______________________ es ihm.

So manche Einwandererfamilie lebte – wie diese irische Familie – in extremer Armut

erzählen	sortieren	helfen	finden	hocken	verbieten
abgeben	sein	verlangen	verdienen	trennen	
versprechen	besorgen	dürfen	berichten	sitzen	müssen
beschaffen	untersagen	bekommen	laufen	fordern	

B	Name:	Datum:

17. Auf der nächsten Seite findest du den Anfang eines Briefes, den Janusz an seinen Freund Johnny geschrieben hat. Du sollst dir ausmalen, wie es Janusz gehen könnte, und den Brief weiterschreiben. Beachte dabei folgende Tipps:

- Du bist Janusz! Du könntest deinem Freund Johnny beispielsweise erzählen
  - wie dir deine Arbeit und dein neues Leben gefallen;
  - was du empfindest, wenn du an deine alten Freunde und an die Schulzeit denkst;
  - wie es deiner Familie geht und ob du neue Freunde gefunden hast;
  - welche Pläne du für die Zukunft hast.
- Finde eine passende Schlussformel für den Brief.
- Lies deinen Brief noch einmal durch. Achte auf die Wortwahl. Hast du einzelne Wörter nicht zu oft wiederholt? Sind die Wörter passend? Kontrolliere Rechtschreibung und Grammatik. Stimmt die Groß- und Kleinschreibung?

Wenn du möchtest, kannst du dir zur Vorbereitung einige Stichwörter notieren:

Vorbereitung

B	Name:	Datum:

Schreibe jetzt den Brief an Johnny weiter.

Lieber Johnny,

es sind nun schon 6 Monate her, dass wir weggezogen sind und dass du nichts mehr von mir gehört hast. Jetzt will ich dir aber erzählen, was ich in der Zwischenzeit alles erlebt habe und wie es mir geht.

B	Name:	Datum:

2. Leistungsanforderungen und Aufgabenbereiche

Aufgabe 16 ist eine textorientierte Grammatikaufgabe und bezieht sich auf eine Episode aus dem Buch von Karin Gündisch *Das Paradies liegt in Amerika*. Die Schüler sollen einen Text umformulieren. Hierzu müssen sie in ausgewählten Sätzen Verben durch Synonyme ersetzen. Dabei ergeben sich neue Satzbaumuster und die Schüler müssen die grammatischen Strukturen entsprechend ändern: So führt das Ersetzen des Verbs *besuchen* durch *kommen zu* einem Wechsel von Akkusativ zu Dativ: *Als der Arbeiter am nächsten Tag nicht zur Arbeit erschien, besuchte ihn der Direktor des Werkes höchstpersönlich. → Als der Arbeiter am nächsten Tag nicht zur Arbeit erschien,* ***kam*** *der Direktor des Werkes höchstpersönlich* ***zu ihm***.

Aufgabe 17, eine Aufgabe zum vorgabenorientierten Schreiben, bildet den Abschluss. Auch die Schreibaufgabe ist auf das Thema und die Texte zur Auswanderungsproblematik bezogen. Die Schüler sollen als Reporter eine Zeitungsmeldung über den Vorfall in der Fabrik (Auswanderer arbeiten unter schwierigen Bedingungen in einer Fabrik und werden ausgenutzt) schreiben. Als Entlastung ist der Anfang des Zeitungsartikels vorgegeben. Die Schüler erhalten als Hilfe eine kurze Schreibanleitung zu Aufbau, Inhalt und sprachlicher Gestaltung des Artikels. Schüler, die an das prozessorientierte Schreiben gewöhnt sind, haben die Möglichkeit, sich Notizen zu machen und ihren Text zu planen.

3. Kompetenzen und Kompetenzbereiche

(c) Grammatikarbeit
- produktive Grammatikarbeit: Sätze umformulieren und dabei die Verbvalenz berücksichtigen (Kasus, Satzstellung, Pronominalisierung) (Aufgabe 16)

(d) Schreiben
- vorgabenorientiertes Schreiben: Textsorte Zeitungsartikel (Aufgabe 17)

Lies den folgenden Abschnitt aus dem Buch von Karin Gündisch *Das Paradies liegt in Amerika,* in dem auch die Geschichte von dem Bauern Ion erzählt wird, der von Rumänien nach Amerika ausgewandert ist.

16. Ersetze die unterstrichenen Verben durch die Verben am Rand. Den entsprechenden Lückentext findest du im Anschluss an die Geschichte. Beachte: Hierdurch können sich Formulierungen, Wortstellungen und Wortendungen verändern. Verwende die gleichen Zeiten wie im Text.

Ein Beispiel ist vorgegeben.

Als sich Ion, ein Bauer aus Rumänien, der in Amerika Arbeiter	
geworden war, auf der Suche nach seinen Sachen gerade neben	
der Werkhallentür befand, ertönte ein dumpfer Knall. Geistesge-	*hören*
genwärtig sprang er zur Tür hinaus, und während sich die Stahl-	
lava über drei andere Arbeiter ergoss, bekam er nur ein Stück	*überströmen ODER*
glühendes Eisen zwischen die Schultern.	*treffen*
Nach dem Unfall war Ion ins Bordhaus[1] gegangen, wo ihm die Frau	
vom Bordbaas[2] die Schmerzen mit gekühltem Rahm linderte.	
Als der Arbeiter am nächsten Tag nicht zur Arbeit erschien,	
besuchte ihn der Direktor des Werkes höchstpersönlich:	*kommen zu*
„Wie viel Bier kannst du täglich trinken?", fragte er ihn und der	*sich erkundigen*
Bordbaas übersetzte die Frage ins Rumänische.	
„Eine ganze Kiste voll", antwortete Ion stolz. Arm, wie er früher	
war, hatte er hauptsächlich Quellwasser getrunken und hier und	*sich begnügen*
da mal einen Schnaps. Erst in Amerika wurde er zum Biertrinker.	
„Na gut", sagte der Direktor, „du bekommst von uns jeden Tag	*liefern*
zwei Kisten Bier ins Haus. Das Stahlwerk zahlt dir den Doktor	
und die Medikamente – und dafür unterschreibst du, dass du	
keine weiteren Ansprüche an uns hast."	
Ion unterschrieb, das Bier wurde geliefert und im Bordhaus begann	
ein lustiges Saufen. Den Flaschen wurde der Hals abgeschlagen,	
wie das üblich war, und das Bier floss durch die Gurgeln. Als Ion	*sehr viel trinken*
genug getrunken hatte, beauftragte er den Bordbaas, einen Brief	*Auftrag geben*

C	Name:	Datum:

an seine Frau in Rumänien zu schreiben, denn er selbst konnte weder lesen noch schreiben. Ions Frau solle die Schnapsflasche leeren, die er ihr bei der Abreise gelassen habe. Ihm gehe es gut und ihr solle es auch gut gehen.	
Das fröhliche Saufen dauerte so lange, bis ein älterer Arbeiter nach Ion schaute und ihm erklärte, dass ihn die Direktion übers Ohr gehauen hatte. Er hätte nicht unterschreiben dürfen, es gäbe nämlich Rechte zum Schutz der Arbeiter, aber Ion hätte für ein paar Kisten Bier darauf verzichtet. Da verging Ion die Lust aufs Bier, er wollte die Flaschen gar nicht mehr sehen, war plötzlich stocknüchtern.	*besuchen/betrügen*
Seither erzählt Ion jedem, der es hören will, warum ihm das Bier nicht mehr schmeckt.	*trinken wollen*

1 Wohnbaracke für Einwanderer, die gerade erst angekommen sind.
2 Besitzer des Bordhauses

C	Name:	Datum:

Als Ion, ein Bauer aus Rumänien, der in Amerika Arbeiter geworden war, auf der Suche nach seinen Sachen gerade neben der Werkhallentür stand, hörte er einen dumpfen Knall. Geistesgegenwärtig sprang er zur Tür hinaus, und während sich die Stahllava über drei andere Arbeiter ergoss, ______________________________

______________________________. Nach dem Unfall war Ion ins Bordhaus gegangen, wo ihm die Frau vom Bordbaas die Schmerzen mit gekühltem Rahm linderte.

Als der Arbeiter am nächsten Tag nicht zur Arbeit erschien, ______________________________

______________________________: „Wie viel Bier kannst du täglich trinken?“, ______________________________ und der Bordbaas übersetzte die Frage ins Rumänische. „Eine ganze Kiste voll“, antwortete Ion stolz. Arm, wie er früher war,

____

und hier und da mal einen Schnaps. Erst in Amerika wurde er zum Biertrinker.

„Na gut“, sagte der Direktor, ______________________________

______________________________.

Das Stahlwerk zahlt dir den Doktor und die Medikamente – und dafür unterschreibst du, dass du keine weiteren Ansprüche an uns hast.“

Ion unterschrieb, das Bier wurde geliefert und im Bordhaus begann ein lustiges Saufen. Den Flaschen wurde der Hals abgeschlagen, wie das üblich war, ______________________________

______________________________. Als Ion genug getrunken hatte,

______________________________,

einen Brief an seine Frau in Rumänien zu schreiben, denn er selbst konnte weder lesen noch schreiben. Ions Frau solle die Schnapsflasche leeren, die er ihr bei der Abreise gelassen habe. Ihm gehe es gut und ihr solle es auch gut gehen.

Das fröhliche Saufen dauerte so lange, ______________________________

______________________________ und ihm erklärte, ______________________________

______________________________. Er hätte nicht unterschreiben dürfen, es gäbe nämlich Rechte zum Schutz der Arbeiter, aber Ion hätte für ein paar Kisten Bier darauf verzichtet. Da verging Ion die Lust aufs Bier, er wollte die Flaschen gar nicht mehr sehen, war plötzlich stocknüchtern. Seither erzählt Ion jedem, der es hören will, ______________________________

______________________________.

C	Name:	Datum:

Stell dir vor, du bist Reporter und willst in einem Zeitungsartikel berichten, wie mit Ion, aber auch mit anderen Arbeitern, im Stahlwerk umgegangen wurde. Dein Zeitungsartikel soll also auf dem Vorfall beruhen, den du gerade gelesen und bearbeitet hast.

17. Schreibe diesen Artikel. Der Anfang ist vorgegeben. Gehe dabei folgendermaßen vor:
- Schildere den Lesern deiner Zeitung, was im Stahlwerk passiert ist und wie die Direktion den rumänischen Arbeiter betrogen hat. Vermeide dabei die direkte Rede.
- Bewerte und kommentiere den Vorgang. Welche Schlussfolgerung ziehst du als Reporter aus dem Geschehen? Was forderst du unter Umständen?
- Wähle eine treffende Schlagzeile für deinen Artikel.
- Lies deinen Artikel noch einmal durch. Hast du einen zusammenhängenden Text geschrieben? Vermeide Wiederholungen.

Wenn du möchtest, kannst du dir zur Vorbereitung einige Stichwörter notieren.

Vorbereitung

C	Name:	Datum:

LOKALES

Vor drei Tagen ereignete sich in einem Stahlwerk in Pennsylvania ein tragischer Unfall. Drei Arbeiter fanden dabei den Tod, während ein rumänischer Einwanderer

C Name: Datum:

Lösungsschlüssel

Die vorgeschlagenen Lösungsmöglichkeiten haben lediglich hinweisenden Charakter; über die Angemessenheit davon abweichender Antworten muss die Lehrkraft entscheiden.

Harry Potter

Differenzierungsstufe A

Aufgabe 1: Eine Romanfigur, die Joanne K. Rowling erfunden hat.

Aufgabe 2: *Mögliche Antworten:* Die Autorin der Harry-Potter-Bücher ist eine der reichsten Frauen Englands. / Die Harry-Potter-Romane wurden in 65 Sprachen übersetzt und weltweit mehr als 325 Millionen Mal verkauft. / Harry Potter ist auf der ganzen Welt bekannt. / Die Fans kommen aus allen Altersgruppen. / Die Fans tauschen auf den Internetseiten Informationen aus. / Die Schüler lesen freiwillig Hunderte von Seiten.

Aufgabe 3: Mit dem Ausdruck „Rummel um Harry Potter" ist gemeint, dass Harry Potter einen großen Wirbel auslöst und sehr viel Aufmerksamkeit erregt, vor allem nach der Verfilmung des ersten Bandes.

Aufgabe 4: erreichte / erschien / öffneten / verkauften / feierten / baute / fanden / verkleideten / verbrachte / entstand

Aufgabe 5: L, L, Z, Z, Z, L

Aufgabe 6: Obwohl die Harry-Potter-Begeisterung enorm groß ist, ... / Stimmen, die auf Gefahren und Fehler hinweisen. / Die Kinder haben mehrere Stunden lang in einem Buch gelesen. / Benett hat grundsätzlich nichts an dem Buch auszusetzen. / Die vielen Gewaltszenen können die Kinder nicht verarbeiten.

Aufgabe 7:
- Das Gewicht und die Größe des Buches können nach stundenlangem Lesen zu Kopfschmerzen und Verspannungen führen.
- Die komplizierte Handlung und die vielen Gewaltszenen können von manchen Kindern nicht verarbeitet werden und machen ihnen Angst, vor allem wenn sie mit niemandem darüber reden können.

Aufgabe 8: Der 5. Harry Potter ist ein absolutes Muss für alle Fans. / Es ist ein geniales Buch. / Man muss es gelesen haben. (Das muss man gelesen haben.) / Meiner Meinung nach ist das wieder ein absoluter Bestseller von J. K. Rowling. / Ich freue mich schon auf den 6. Band!

Aufgabe 9: Kriterien der Korrektur:
- *Aufbau und Struktur:*
  - Einleitung mit der Formulierung des Anliegens
  - Hauptteil mit der Auflistung von Vorschlägen und Ratschlägen
  - Schluss mit einer entsprechenden Schlussformel
- *überzeugende Argumentation:*
  - Begründung der Ratschläge und Vorschläge
  - zusammenhängende und klare Gedankenführung
- *Sprache:*
  - treffende Wortwahl
  - grammatisch und orthografisch korrekte Sätze

Differenzierungsstufe B

Aufgabe 1: *Der Haupttext ist* ein Informationstext über den Erfolg der Harry-Potter-Bücher.
Der Text im Kasten ist eine Lebensbeschreibung der Autorin Joanne K. Rowling.

Aufgabe 2: Schwierige Lage am Anfang (frisch geschieden, alleinerziehend), dann die märchenhafte Wende (Entdeckung durch den Agenten) und großer Reichtum und Erfolg am Ende (höchste Geldsumme, Verkaufserfolg, Verfilmung)

Aufgabe 3:
a) Verkaufserfolg, höchste Geldsumme für einen Kinderbuchautor
b) Filmgesellschaften bemühen sich um die Rechte an der Verfilmung
c) Vordere Plätze auf den internationalen Bestseller-Listen (alternativ: Schullektüre in England und den USA)

Aufgabe 4: Die Harry-Potter-Bücher sind sehr spannend.

Aufgabe 5: *Beispiele für Erklärungen:*
Lesereise: Während einer Lesereise liest ein Autor (an verschiedenen Orten und vor Publikum) aus seinen Büchern vor.
Schullektüre: Zur Schullektüre gehören alle Bücher (Autoren), die in der Schule / im Unterricht gelesen werden.
Traumkarriere: Von einer Traumkarriere spricht man dann, wenn jemand auf eine beinahe unglaubliche Art und Weise erfolgreich ist.
Leserbrief: Wenn ein Leser an den Autor oder den Verlag einen Brief schreibt und darin seine Meinung ausdrückt.

Aufgabe 6: *Beispiele für Überschriften:*
A) Großer Ansturm auf Harry Potter
B) Harry Potter ist gefährlich
C) Verrückte Gegner
D) Harry Potter ist nur ein Märchen
E) Harry Potter als Vorbild
F) Lesen statt fernsehen
G) Wenn es zu sehr gruselt
H) Nicht so viel auf einmal

Aufgabe 7: *Manche sind davon überzeugt, dass Harry-Potter-Bücher gefährlich sind,*
weil die Kinder süchtig nach den Romanen werden könnten,
weil die Kinder sich nach dem Lesen fürchten und Albträume bekommen könnten,
weil die Kinder schlechter in der Schule werden könnten,
oder

weil die Kinder nicht mehr so nett zu anderen Jugendlichen sein könnten,
weil die Bücher den Kindern schaden und sie krank machen könnten.
Andere dagegen meinen, dass Harry-Potter-Bücher nützlich sind,
weil Harry Potter in der Wirklichkeit ein gutes Vorbild sein kann,
weil Kinder durch die Harry-Potter-Romane das Lesen wieder entdeckt haben.

Aufgabe 8: Mit den Eltern sprechen, wenn man etwas nicht versteht oder wenn man Angst hat; manchmal eine Pause beim Lesen einlegen, damit man nicht zu sehr verkrampft und Kopfschmerzen bekommt.

Aufgabe 9: gehen / lässt / kann / sieht / gibt / bietet / zeigt / meint / ist / wird / sagt

Aufgabe 10:
a) Die Autorin Joanne K. Rowling ist reicher als die Queen, weil ihre Bücher millionenfach verkauft wurden.
b) Rowling hat bereits sieben Harry-Potter-Bücher geschrieben, aber ein achtes soll es nicht geben.
c) Die Bücher sind sehr dick, trotzdem lesen die Kinder sie sehr gern.
d) Die Harry-Potter-Romane werden sowohl von Kindern als auch von Erwachsenen mit Begeisterung gelesen.
e) Zunächst erschienen die Harry-Potter-Bücher, dann kamen die Harry-Potter-Filme auf den Markt.

Aufgabe 11: Kriterien der Korrektur:
- *Aufbau und Struktur:*
  - Einleitung mit der Formulierung des Anliegens
  - Hauptteil mit der Auflistung von Vorschlägen und Ratschlägen
  - Schluss mit einer entsprechenden Schlussformel
- *überzeugende Argumentation:*
  - Begründung der Ratschläge und Vorschläge
  - zusammenhängende und klare Gedankenführung
- *Sprache:*
  - treffende Wortwahl
  - grammatisch und orthografisch korrekte Sätze

Differenzierungsstufe C

Aufgabe 1: Joanne K. Rowling
Harry Potter und der Stein der Weisen
Harry Potter
...von der alleinerziehenden Mutter und Sozialhilfeempfängerin zur reichsten Kinderbuchautorin der Welt

Aufgabe 2: C, A, D, B

Aufgabe 3: Am Anfang ist Rowling arm, befindet sich in einer schwierigen Lage, dann erfindet sie einen Romanhelden, Harry Potter, mit dem sie weltberühmt und sehr reich wird.

Aufgabe 4: Harry Potter ist ein Waisenkind. Außerdem sind Tod und Verlust auch wichtige Themen in den Romanen.

Aufgabe 5: begeisterter / attraktives / ganze / fremde / gutes / schwierige / interessante / sinnvollen / wichtige / riesige / zahlreiche / englisches

Aufgabe 6: *Beispiele für Antworten:*
A Vielfältige Harry-Potter-Artikel – sehr zum Ärger mancher Fans
B Steigende Popularität und noch bessere Geschäfte durch die Verfilmung
C Auch Spielzeughersteller verdienen an Harry Potter

Aufgabe 7: Man benutzt einen bekannten Namen oder eine populäre Figur, um mit ihrer Hilfe den Fans eine ganze Reihe von Artikeln zu verkaufen.

Aufgabe 8: Rucksäcke, Plüsch-Eulen, Gameboys, Bettwäsche, Kalender usw.; Spiele, Figuren, Süßigkeiten

Aufgabe 9: Coca-Cola darf als Gegenleistung Harry-Potter-Motive auf seinen Produkten zeigen.

Aufgabe 10: Die meisten Fans protestieren dagegen, dass ihr Held durch Coca-Cola vermarktet wird.

Aufgabe 11: Joanne K. Rowling ist dafür, wenn Coca-Cola Geld für eine Leseförderung zur Verfügung stellt.

Aufgabe 12: Coca-Cola geht es vor allem darum, mit Harry Potter mehr Geld zu verdienen. Der ganze Text zeigt ja, wie mit der Hilfe einer populären Figur möglichst viele Artikel und Produkte verkauft werden sollen.

Aufgabe 13:
a) Viele Firmen machen mit Harry Potter eine Menge Geld.
b) Einige begeisterte Anhänger tun sich schwer mit der völligen Vermarktung ihres Helden.
c) Mitgemacht haben auch Konzerne wie Lego oder Mattel.
d) Die Nachfrage nach Merchandising-Artikeln des weltweit beliebtesten Jugendbuches ist bei Weitem größer, als wir gedacht hätten.

Aufgabe 14: begründete Meinung abgeben

Aufgabe 15:
a) Die Kinder lesen Harry-Potter-Bücher mit Begeisterung, denn die Bücher sind sehr spannend.
b) Niemand hätte gedacht, dass die Bücher so beliebt werden würden, als 1998 der erste Band erschien.
c) Die Bücher sind sehr dick, trotzdem lesen die Kinder die Bücher oft ohne aufzuhören.
d) Joanne K. Rowling ist die reichste Frau Englands, weil alle ihre Bücher absolute Bestseller sind.
e) Zuerst erschienen die Harry-Potter-Bücher, später folgten Harry-Potter-Internetseiten und -Kinofilme.
f) Nicht nur Kinder lesen Harry Potter, sondern auch Erwachsene sind begeisterte Harry-Potter-Fans.
g) Zwar sind die Harry-Potter-Filme sehr beliebt, aber die meisten Fans mögen die Bücher lieber.
h) Sieben Harry-Potter-Bände waren geplant, inzwischen sind alle Bände erschienen.

Aufgabe 16: Kriterien der Korrektur:
- *Aufbau und Struktur:*
  - Einleitung mit der Formulierung des Anliegens

- Hauptteil mit der Auflistung von Vorschlägen und Ratschlägen
- Schluss mit einer entsprechenden Schlussformel
- *überzeugende Argumentation:*
  - Begründung der Ratschläge und Vorschläge
  - zusammenhängende und klare Gedankenführung
- *Sprache:*
  - treffende Wortwahl
  - grammatisch und orthografisch korrekte Sätze

Arbeit

Differenzierungsstufe A

Aufgabe 1: Einstiegsfrage in das Leseverstehen: Schüler werden angeregt, Hypothesen zu bilden, die das spätere Textverständnis entlasten

Aufgabe 2: Zustimmung oder Ablehnung mit plausibler Begründung

Aufgabe 3: Bäuerin

Aufgabe 4: Sehnsucht nach dem Leben auf dem Land, weil sie aus der Stadt kommt

Aufgabe 5:
- sie macht viel falsch
- sie hat Probleme, die Leute zu verstehen (Dialekt)
- sie wird vom Bauern schlecht behandelt

Aufgabe 6: Kartoffeln in Tüten verpacken (Fabrikarbeit), da macht man am wenigsten falsch

Aufgabe 7:
- weil sie ein Mädchen ist und
- weil sie aus der Stadt kommt

Aufgabe 8: Das Mädchen soll einen anderen Beruf lernen.

Aufgabe 9: Sie will nicht aufgeben, sich nichts anmerken lassen, freundlich bleiben.

Aufgabe 10:
- Das Mädchen fängt an, den Chef besser zu verstehen.
- Es hat doch recht viel Freizeit.

Aufgabe 11: Für den Bauern muss der Lehrling Leistung bringen und funktionieren; er kann sich keinen Lehrling leisten, der keinen Profit bringt, weil sein Betrieb sonst nicht mehr rentabel ist.

Aufgabe 12: begründete Stellungnahme abgeben

Aufgabe 13: Die Schüler dürfen Synonyme verwenden, umschreiben oder Beispiele geben.

a) Das Mädchen hat *ungewöhnliche* Berufsvorstellungen.
b) Darum *will er es erst einmal vier Wochen lang mit mir versuchen.*
c) Dabei *strenge ich mich so an.*
d) Jeden Tag *klappt etwas nicht.*
e) Aber *das Ganze wird mir zuviel (ich kann den Druck nicht ertragen).*
f) Denn hier *muss man nicht so viel verstehen.*
g) Ein Mädchen aus der Stadt *ist eben für die Arbeit auf einem Bauernhof nicht geeignet.*
h) ... er *möchte, dass ich gehe (möchte mich nicht weiter beschäftigen, möchte mich entlassen).*
i) Trotzdem *werde ich mich nicht kleinkriegen lassen (werde ich nicht aufhören).*
j) Ich *mache vielleicht zu vieles falsch.*

Aufgabe 14: Verben, Personal- und Possessivpronomen an die 3. Person Singular anpassen

Aufgabe 15: Vorbereitung zum Schreiben: Stoffsammlung; die Vorschläge müssen sich nicht unbedingt aus dem Text ableiten lassen, sollen aber vor dem Hintergrund der Textaussage sinnvoll sein, z. B. *nicht gleich schreien und ihr mehr Zeit lassen, ihr eine feste Aufgabe geben, freundlicher sein, ihr Arbeiten geben, bei denen sie nicht so viel falsch machen kann, sie nicht dauernd unter Druck setzen, sie auch mal ermutigen, anstatt sie immer zu erniedrigen.*

Aufgabe 16: Kriterien der Korrektur:
- *Aufbau und Struktur:*
  - Einleitung mit der Formulierung des Anliegens
  - Hauptteil mit der Auflistung von Vorschlägen und Ratschlägen
  - Schluss mit einer entsprechenden Schlussformel
- *überzeugende Argumentation:*
  - Begründung der Ratschläge und Vorschläge
  - zusammenhängende und klare Gedankenführung
- *Sprache:*
  - treffende Wortwahl
  - grammatisch und orthografisch korrekte Sätze

Differenzierungsstufe B

Aufgabe 1: Einstiegsfragen: Die Schüler orientieren sich über das Buch und werden zudem angeregt, Hypothesen über den Inhalt zu bilden.

Aufgabe 2:
a) Arbeitsamt
b) zur Berufsberatung

Aufgabe 3: Sie will wissen,
a) was der Vater beruflich macht
b) was Petra in ihrer Freizeit macht
c) ob Petra sich für einen praktischen Beruf interessiert

(Der Indikativ ist zulässig; das Unterstreichen der richtigen Antwort-Elemente im Text wird nicht mitbewertet.)

Aufgabe 4:
a) in einem Lebensmittelgeschäft gearbeitet
b) bei der Versicherung war keine Stelle mehr frei für Petra
c) wegen ihrer Freundin Conny
d) es hat ihr überhaupt nicht gefallen, langweilig

Aufgabe 5: Beide Antworten sind möglich, weil aus dem Text heraus begründbar. Entscheidend ist, dass die Schüler eine plausible Begründung formulieren, also entweder
Ja, weil sie sich entscheidet, Bürokauffrau zu werden.
Oder
Nein, weil sie eigentlich ganz unsicher ist (und mehr aus Verlegenheit antwortet als aus Überzeugung).

Aufgabe 6: Petra ist unsicher und ratlos.

Aufgabe 7: Die Berufsberaterin ist ungeduldig und nervös.

Aufgabe 8: – praktische Berufe (Bautischler, Elektriker, Konditor)
– Die Berufsberaterin denkt, dies könnte zu Petra passen, weil sie gerne bastelt.

Aufgabe 9: Bürokauffrau

Aufgabe 10: – ihre Freundin Conny
– ihre Eltern

Aufgabe 11: plausibler Vorschlag, der mit den Textaussagen übereinstimmt, also bspw. nicht „Lebensmittelverkäuferin", weil das sie ja langweilt, sondern ein Beruf, der mit ihren technisch-praktischen Interessen in Einklang ist.

Aufgabe 12: Die Mutter ist wütend auf Petra, weil sie so wenig Interesse gezeigt hat, weil sie keinen guten Eindruck hinterlassen und sich nicht gut verkauft hat.

Aufgabe 13: plausible Begründung (bei einer Bewertung ist darauf zu achten, ob und wie die Schüler Bezug auf Petras Verhalten während der Berufsberatung genommen haben)

Aufgabe 14: Die Schüler dürfen Synonyme verwenden, umschreiben oder Beispiele geben.

a) Eine Berufsberaterin ist *jemand, der anderen hilft, einen passenden Beruf zu finden.*
b) ... als die drei Wochen endlich *vorbei waren.*
c) Ein praktischer Beruf ist *ein handwerklicher Beruf (ein Beruf, wo man mit den Händen arbeitet).*
d) Mein Mann und ich *würden es sehr gerne sehen (sehr gut finden).*
e) ... sagte die Mutter *betont (auf eine Art und Weise, die spüren lässt, dass es ihr wichtig ist).*
f) Petra solle *sich das Ganze gut überlegen (über alles in Ruhe nachdenken).*
g) Hättest du *dich nicht etwas mehr anstrengen können (dir nicht etwas mehr Mühe geben können)?*
h) *Du wirkst immer so schlechtgelaunt (zugeknöpft, uninteressiert, unfreundlich ...).*
i) *Wir überlegen hin und her (wir machen uns viele Gedanken).*
j) ... aber *du scheinst ja nichts damit zu tun haben.*

Aufgabe 15: die Jobs / einem anderen Freund / der Tankstelle / der Zeitung / des Geldes / meinem Geld / das Essen / dem Geld / die Arbeitswelt / die Arbeit / der Schule / der Arbeit / seiner Leistung / einen miesen Ferienjob / einem Chef / jeder Gelegenheit / kleinen Kindern / einen Ferienjob / einem Ferienjob / der Suche

Aufgabe 16: Vorbereitung zum Schreiben: Einstimmung auf das Thema; begründete Meinung abgeben

Aufgabe 17: Vorbereitung auf das Schreiben: Stoffsammlung

Pro:
Petra würde durch die Wahl eines Männerberufs eine eigene Entscheidung treffen, sie ist technisch interessiert, bastelt gerne, Büro oder Einzelhandel ist ihr zu langweilig

Kontra:
Schwierigkeiten, als einzige Frau in der Männerwelt respektiert zu werden, Arbeit zu hart, mangelnde gesellschaftliche Akzeptanz (Unverständnis von Familie und Freunden)

Aufgabe 18: Kriterien der Korrektur:

- *Aufbau und Struktur:*
  - Einleitung, Formulierung des Anliegens
  - Hauptteil, Diskussion verschiedener Facetten des Themas „Frauen in Männerberufen"
  - Schluss mit persönlichem Ratschlag und Schlussformel
- *überzeugende Argumentation:*
  - Nennung von Argumenten und Begründungen
  - Anführen von Beispielen
  - Kohärenz in der Gedankenführung
- *Sprache:*
  - treffende Wortwahl
  - grammatisch und orthografisch korrekte Sätze

Differenzierungsstufe C

Aufgabe 1: Einstiegsfrage; die Schüler werden angeregt, Hypothesen zu bilden, die das spätere Textverständnis vorbereiten bzw. vertiefen.

Aufgabe 2: Vater, Mutter, Tochter Maria (oder Schwester), Sohn (oder Junge)

Aufgabe 3: ein Kind

Aufgabe 4: keine Notsituation, da die Mutter verdient und der Vater Arbeitslosenunterstützung erhält

Aufgabe 5: Arbeitslosigkeit

Aufgabe 6: in der Fabrik, hat irgend etwas mit Schrauben gemacht

Aufgabe 7: Die Arbeit des Vaters war ungesund, weil es in der Fabrikhalle zog. (Zeile 29)
Die Arbeit des Vaters war eintönig, weil er als Fabrikarbeiter immer denselben Handgriff machen musste. (Zeile 45 f.)

Aufgabe 8: Er schimpft dauernd über die Arbeit, sie scheint ihm verhasst zu sein, sie hat ihn krank gemacht, er kommt sich vor wie ein Sklave.

Aufgabe 9: Er huscht heimlich durchs Haus – er will nicht gesehen werden, er schämt sich.
Er tut überhaupt nichts mehr, redet nicht mehr, kocht nicht mehr usw. – er zieht sich zurück.
Er erträgt das Lachen der anderen nicht mehr – er ist traurig.

Aufgabe 10: plausible Begründung abgeben

Aufgabe 11: ... bevor er wegging

Aufgabe 12: Er habe Selbstmord begangen, wolle allein sein, betrinke sich.

Aufgabe 13: Beide Antworten sind möglich, weil aus dem Text heraus begründbar. Entscheidend ist, dass die Schüler eine plausible Begründung formulieren, also entweder
Ja, denn er geht wieder spazieren und löst auch wieder Kreuzworträtsel – er hat also wieder mehr Energie und Lust am Leben
Oder
Nein, denn er ist immer noch grau im Gesicht, er bemüht sich nur, seine Traurigkeit zu verbergen, aber eigentlich geht es ihm immer noch schlecht.

Aufgabe 14: Er hat seinen Vater gesehen, wie er wirklich ist, wie verzweifelt er sein kann. Er hat ihn erlebt, wie er ist, wenn er keine Maske trägt und sein wahres Wesen, seine Sorgen und Ängste nicht mit Arbeit zudecken kann. Das ändert nichts an seinen Gefühlen: Er mag seinen Vater nach wie vor. Aber er will sich nicht so von der Arbeit versklaven lassen, er will, wie er sagt, aus eigener Kraft leben.

Aufgabe 15: Die Worterklärungen sollten, wie im Beispiel, als Satz formuliert sein, also etwa
a) Es ist eine Schande, arbeitslos zu sein.
b) Sie streiten wegen jeder Kleinigkeit neuerdings.
c) Das klingt arrogant.
d) Er konnte Selbstmord begangen haben.

Aufgabe 16:
a) Der Vater hält sich für ein Nichts, wenn er nicht arbeiten darf; wie ein Rentner sitzt er dann nur noch nutzlos herum und hat nichts mehr zu tun.
b) Die Arbeit ist eine Art Fassade, hinter der sich eine eher schwache Persönlichkeit verbirgt. Mit der Arbeit überspielt der Vater eine gewisse Leere in seinem Leben.
c) Das Kind will nicht so abhängig von der Arbeit werden wie der Vater, sein Leben soll von ihm selbst abhängen. Er will eine starke Persönlichkeit entwickeln.
d) Die übrigen Familienmitglieder können die Verzweiflung und die Trauer des Vaters nicht wirklich verstehen und teilen, und deshalb können sie ihm auch nicht helfen.
e) Das Kind hat gesehen, wie sein Vater wirklich ist: Nimmt man ihm die Arbeit weg, kommt ein schwacher und hilfloser Mensch zum Vorschein.

Aufgabe 17: Vorbereitung zum Schreiben: Einstimmung auf das Thema

Aufgabe 18: Sie sind schon erfolgreiche Unternehmer, obwohl sie noch zur Schule gehen.

Aufgabe 19: wie im vorgegebenen Beispiel

Aufgabe 20: Vorbereitung zum Schreiben: Argumente in einem Text markieren

Aufgabe 21: Argumente sammeln

Aufgabe 22: Kriterien der Korrektur:
- *Aufbau und Struktur:*
  - Einleitung, in der das Thema vorgestellt wird
  - Hauptteil mit einer plausiblen Gegenüberstellung und Abwägung von Vor- und Nachteilen
  - Schluss mit persönlicher Stellungnahme
- *verständliche und nachvollziehbare Argumentation, Zusammenhänge deutlich machen*
  - Argumente nennen, aufeinander beziehen und abwägen
  - Anführen von Beispielen und Nennung von Begründungen
  - Schlussfolgerungen ziehen
- *Sprache:*
  - treffende Wortwahl
  - Sätze und Abschnitte sinnvoll miteinander verknüpfen
  - orthografisch und grammatisch korrekt schreiben

Amerika

Differenzierungsstufe A–C (gemeinsamer Teil)

Aufgabe 1: mehrere Möglichkeiten:
a) von Europa nach Amerika *oder* von Hamburg oder Bremerhaven nach New York usw.
b) im 19. Jahrhundert *oder* in den Jahren 1816/1817 und 1845–1855
c) z. B. arme Menschen, die unter Hunger und Missernten litten
d) mit dem Schiff (und der Bahn)

Aufgabe 2: Überschriften und Abschnitte korrekt verbinden; der Punkt wird nur vergeben, wenn alle Angaben korrekt sind (B C E A D).

Aufgabe 3: z. B. Armut, Hoffnung auf Religionsfreiheit, Erwerb von billigem Land, Arbeit …

Aufgabe 4: für a) und b) soll jeweils mindestens eine treffende Möglichkeit genannt werden:
a) z. B. Agenten der Schifffahrtsgesellschaften, Schleuser, Schiffsbesitzer
b) sie leisten Reisenden praktische Hilfe, sie bringen Menschen ohne Pass über die Grenze, sie ermöglichen die Überfahrt …

Aufgabe 5: Trennung von Arm und Reich: Die armen Menschen wurden auf dem Zwischendeck untergebracht, die reichen hatten eigene Kajüten.

Aufgabe 6: Die Antwort soll sich plausibel aus dem Textzusammenhang ergeben, z. B.: Die gesunden Menschen durften einreisen, weil sie als Arbeitskräfte willkommen waren. Auch die Wohlhabenden durften einreisen, weil anzunehmen war, dass sie die Hilfe des Staates nicht in Anspruch nehmen würden.

Aufgabe 7: Die Antwort soll plausibel im Textzusammenhang sein; die Begründung darf nicht fehlen; z. B. die Zurückgewiesenen, weil sie nach den ganzen Strapazen das ersehnte Ziel doch nicht erreichten *oder* die Zwischendeckpassagiere, weil die Reisebedingungen für sie besonders hart waren *oder* die Kinder, weil …

Aufgabe 8: vgl. Haupttext auf S. 105–106

Aufgabe 9: 1 Punkt pro richtiger Erklärung ist vorgesehen. Vollständige Sätze werden nicht verlangt.

Aufgabe 10: In dem Auffanglager von Ellis Island entschied sich, wer bleiben durfte und wer nicht.

Aufgabe 11: Die Einwanderer kamen aus diesen verschiedenen Ländern *oder* aus vielen Ländern …

Aufgabe 12:
a) Die Einwanderer waren enttäuscht, weil sie sich ihr Leben in Amerika anders vorgestellt hatten.
b) Die Unterbringung war sehr schlecht, die Arbeit hart und der Lohn gering.

Aufgabe 13: Amerika war kein Schlaraffenland und man musste hart arbeiten, um Geld zu verdienen. Es wurde einem nichts geschenkt.

Aufgabe 14:
- Die Autoren sehen den Umgang mit den Einwanderern sehr kritisch.
- Sie verschweigen die negativen Seiten der Einwanderung nicht. Sie schildern die harten und zum Teil auch unfairen Arbeitsbedingungen, die auf die Neuankömmlinge warteten.

Aufgabe 15: a) Der Schreiber des Briefes bestätigt die Erfahrungen von Georges Perec und Robert Bober.
b) In beiden Texten wird beschrieben, dass die Einwanderer ausgenutzt wurden und dass ihre Träume sich nicht erfüllten.

Differenzierungsstufe A

Aufgabe 16: kümmerte / antwortete / wusste / erzählte / nannte / verstand / erkundigte sich / erwiderte / wiederholte / nickte

Aufgabe 17: persönliche Meinung abgeben, dabei auf sprachlichen Ausdruck und die korrekte Satzbildung achten

Aufgabe 18: Persönliche Meinung zum Ausdruck bringen. Die Schüler sollen sich dabei auf den Artikel beziehen.

Aufgabe 19: Kriterien der Korrektur:
- *Aufbau und Inhalt:*
  - Anrede
  - Hauptteil mit Meinung, Begründungen und Beispielen
  - Schlussformel
- *Sprachrichtigkeit:*
  - Grammatik, Syntax, Orthografie
- *Ausdruck:*
  - treffende Wortwahl, angemessener Stil

Differenzierungsstufe B

Aufgabe 16 z. B.: finden / abgegeben / dürfen / musste / war / halfen / besorgt / verdiente / saß / trennte / erzählte / lief / fordern / versprach

Aufgabe 17: Kriterien der Korrektur
- *Inhalt und Aufbau:*
  - Hauptteil mit Bezug auf die Anforderungen der Aufgabenstellung 17 a)
  - Schlussformel
- *Sprachrichtigkeit:*
  - Grammatik, Syntax, Orthografie
- *Ausdruck:*
  - treffende Wortwahl, angemessener Stil

Differenzierungsstufe C

Aufgabe 16: traf ihn nur ein Stück glühendes Eisen zwischen die Schultern / kam der Direktor des Werkes höchstpersönlich zu ihm / erkundigte er sich (bei ihm) / er sich hauptsächlich mit Quellwasser begnügt / wir liefern dir jeden Tag zwei Kisten Bier ins Haus (du bekommst von uns jeden Tag zwei Kisten Bier ins Haus geliefert) / und es wurde sehr viel Bier getrunken (und man trank sehr viel Bier) u. Ä. / gab er dem Bordbaas den Auftrag / bis ein älterer Arbeiter Ion besuchte / dass die Direktion ihn betrogen hatte / warum er kein Bier mehr trinken will (trinkt)

Aufgabe 17: Kriterien der Korrektur:
- *Inhalt und Aufbau:*
  - treffende Schlagzeile
  - Hauptteil mit Schilderung des Vorfalls im Stahlwerk und des Bestechungsversuchs
  - Bewertung und Kommentar des Vorfalls
- *Sprachrichtigkeit:*
  - Grammatik, Syntax, Orthografie
- *Ausdruck:*
  - treffende Wortwahl, angemessener Stil

Quellennachweis

Textnachweis:

S. 25: „Harry Potter und die Folgen", www.faz.net
S. 33: „Kennt ihr Harry Potter schon?", www.jadukids.de
S. 33: Biografie Joanne K. Rowling: Michaela Pelz, www.krimi-forum.de
S. 36 f.: Schmeing, Matthias: „Angst vor Harry Potter?", GEOlino online, 12/2003
S. 45 f.: Ebeling, Dieter: „Überleben in der Märchenwelt", www.abebooks.de
S. 60 f.: Kammer, Heike: Aber wann beginnt das Leben? Lehrjahre auf dem Land, Frankfurt: Verlag Jugend und Politik, 1983
S. 71 ff.: Ladiges, Ann: „Blaufrau" © 1981 by Rowohlt Taschenbuch Verlag. Reinbek bei Hamburg (nicht mehr im Buchhandel erhältlich)
S. 84 ff.: © Ruck-Pauquèt, Gina
S. 95: Höke, Christiane: aus: Schüler 2000, Themenheft „Arbeit", Friedrich Verlag, 2000, S. 29
S. 105 f./S. 114/S. 118f./S. 123ff.: Gündisch, Karin: Das Paradies liegt in Amerika, Beltz & Gelberg in der Verlagsgruppe Beltz, Weinheim & Basel
S. 110: George Perec und Robert Bober: Geschichten von Ellis Eiland oder Wie man Amerikaner macht © Verlag Klaus Wagenbach, Berlin 1997

Bildnachweis:

S. 22: Harry-Potter-Fans © argum
S. 24: Cover: Harry Potter and the Order of the Phoenix © Volkmar Schulz/Keystone
S. 33/45: Joanne K. Rowling © Manfred Witt/VISUM
S. 36: Cover: Harry Potter und der Orden des Phönix © Carlsen Verlag, Hamburg
S. 40: Harry Potter bei Amazon.de © argum
S. 55: Leseecke © Avenue Images GmbH, Hamburg
S. 55: Lesenacht © Cira Moro/VISUM
S. 58: Mähdrescher © MEV Verlag
S. 58: Kuh in Melkmaschine © Marcus Schrenk
S. 58: Ferien auf dem Bauernhof © A. Riedmiller/ Das Fotoarchiv
S. 58: Schweine © Marcus Schrenk
S. 58: Bauer füttert seine Kühe © Marcus Schrenk
S. 94: Lehrerin © MEV Verlag
S. 94: Ärztin © MEV Verlag
S. 94: Kfz-Mechaniker © MEV Verlag
S. 94: Bibliothekarin: altrofoto.de
S. 94: Reisekauffrau: altrofoto.de
S. 94: Schreiner © MEV Verlag
S. 94: Koch © MEV Verlag

Alle anderen Abbildungen: Verlagsarchiv